新视野·文化遗产保护论丛（第一辑）

文化景观遗产保护

单霁翔 著

天津大学出版社
TIANJIN UNIVERSITY PRESS

图书在版编目（CIP）数据

文化景观遗产保护 / 单霁翔著 .—天津：天津大学出版社，2015.4

（新视野 · 文化遗产保护论丛 . 第 1 辑）

ISBN 978-7-5618-5302-3

Ⅰ . ①文… Ⅱ . ①单… Ⅲ . ①文化遗产—保护—研究—中国 Ⅳ . ① K203

中国版本图书馆 CIP 数据核字（2015）第 091559 号

策划编辑 金　磊　　韩振平
责任编辑 郭　颖　　黎恋恋
装帧设计 杨文英　　董秋岑

出版发行 天津大学出版社
地　　址 天津市卫津路 92 号天津大学内（邮编：300072）
电　　话 发行部：022-27403647
网　　址 publish.tju.edu.cn
印　　刷 天津市豪迈印务有限公司
经　　销 全国各地新华书店
开　　本 148 ㎜ ×210 ㎜
印　　张 7.375
字　　数 212 千
版　　次 2015 年 6 月第 1 版
印　　次 2015 年 6 月第 1 次
定　　价 26.00 元

自序：
把工作当学问做 把问题当课题解

“新视野·文化遗产保护论丛”陆续出版在即，出版社嘱我写一个作者自序，在心怀为往昔记录的考量下，愿以时间为轴写出自己简短的感言，希望聚焦的是有启迪意义的文化历程，也希望是充满真实情感的“乡愁”。

2011年8月25日清晨接到通知，我将要离开工作近10年的国家文物局，到故宫博物院工作。消息突然，没有精神准备。记得当天上午工作日程是在中国文化遗产研究院做专题报告。一路上，10年来的工作情景在脑海中闪过，想到在走向新的岗位之前，应该对以往工作进行回顾，负责任地进行工作交接，于是到会场后便放弃了已经准备好的多媒体演示内容，改为讲述参与中国文化遗产保护的体会，将近两个小时的畅谈，仍感意犹未尽，充满着回望与寻觅的思绪。

如今回想，当年的工作状态可谓“不堪回首”。就在那天接到通知之前的一周内，还经历了“南征北战”的过程：8月18日在吉林长春为市、县政府领导培训班做文化遗产保护报告；8月20日在西藏拉萨参加中国西藏文化论坛；8月21日在四川雅安参加茶马古道保护研讨会；8月23日和24日在福建福州分别参加全国生态博物馆、涉台文物保护总体规划评审、国家水下文化遗产保护中心福建基地启动、三坊七巷社区博物馆揭牌等活动。

一周数省，这就是当年常态化的工作状况。是什么力量支撑着自己一路前行，除了文物人“敢于担当、乐于奉献”的情结外，恐怕最主要的就是“把工作当学问做、把问题当课题解”的工作方法。不断出现的问题、不断凸现的矛盾和不断涌现的挑战，将时间撕裂成一块块“碎片”，甚至一天之内要几次“脑筋急转弯”。如果不能针对闪过的想法及时停下来思考、面对发现的问题及时静下来反思，就会陷于疲于应付、不堪重负的境地。城乡建设大规模展开的时期，必然是文化遗产保护处于最紧迫、最关键的历史阶段。只有“把工作当学问做、把问题当课题解”，才能在复杂的情况下，夯实基础，居安思危，防患未然；在困难的情况下，深思熟虑，心中有数，底气充足；在紧急的情况下，头脑清醒，敢于直面，坚守底线。

“把工作当学问做、把问题当课题解”的工作方法，需要持之以恒，读书、思考、写作、归纳，早已成为每天的必修课。无论是在考察途中的汽车里，还是在往返的飞机上，特别是每天晚上静坐在书桌前，以电脑为伴，将考察的感想、调研的体会、阅读的心得及时记录下来，这是一次次思绪的梳理、认识的深化。长期下来，居然积攒下上千万字的记录，包括论文、报告、访谈、提案，林林总总，其中既有“一吐为快”的真实感受，也有“深思熟虑”的肺腑之言，还有“临阵磨枪”的即席表达。将它们汇集起来，既是一个时期实践经验的点滴记载，也是一个时代文化遗产事业的综合纪实，还是一个保护工作者不息生命的心灵写作。面对这些海量且繁杂的“原生态”记录，早已萌生出按照内容进行分类归纳的愿望。所幸天津大学出版社伸出援手，以“新视野·文化遗产保护论丛”为名，按照不同内容进行分辑分册，涉及文化遗产保护基础建设、文化遗产保护项目实施和文物博物馆事业发展等各个方面。愿这些内容不仅涉及文化遗产保护的国家意志，也能体现普惠公众的文化遗产教育主题。

一路走来，吴良镛教授的学术思想始终像一座灯塔照亮我前行的方向。“把工作当学问做、把问题当课题解”，源于吴良镛教授所倡导的“融贯的综合研究”理论框架。就是力图从更广阔的视野、更深入的角度，分析和梳理文化遗产之间的内在联系，探索和建立新的文化遗产类型和相应的保护方式，使制约文化遗产事业发展的重点、难点和瓶颈问题不断得以有效解决。实践证明：文化遗产保护、城市文化建设、博物馆发展，在方法上、尺度上、内容上虽然各有不同，但是三者有着共同的研究对象，三位一体进行“融贯的综合研究”，则可以呈现出中国特色文化遗产保护的新视野。

从1984年进入城市规划部门以来，已经30余载；从1994年进入文物系统以来，也已经20余年，其间有不少令人难忘的回忆。有幸在职业生涯的最后一站，来到故宫博物院，一方面继续享受紧张工作带来的压力和挑战，另一方面得以将几十年来积累的体会应用于具体实践。今天，更为突出的感受是，只有“把工作当学问做、把问题当课题解”，且加强全程管理，才能使每一项工作都与细节管理挂起钩来，把桩桩件件事情都做得细之又细，才能获得持续发展的后劲。

北京时间2014年6月22日15时19分，从卡塔尔首都多哈传来喜讯，在第38届世界遗产委员会会议上，“中国大运河”被列入《世界遗产名录》。30分钟后，跨国联合申报的“丝绸之路：长安—天山廊道的路网”也顺利通过评审。作为大运河和丝绸之路保护与申报的参与者和见证者，我格外激动和自豪。2015年5月5日，从文化遗产保护现场又传来好消息，世界文化遗产——大足石刻千手观音造像抢救性保护修复工程竣工，看到“前方”传来修复后的美轮美奂的千手观音造像影像，我激动不已。回想2008年“5·12汶川大地震”后的第8天，我们从四川地震重灾区现场调查灾情后，赶到重庆大足，看望已经800岁高龄的千手观音造像，看到早已满目疮痍的文物本体又被地震殃及，当即决定开展抢救保护工作，将其列为石窟类保护的“一号工程”，如今千手观音造像再现“慈祥的微笑”，得以功德圆满。的确，每当昔日的努力成就今日的收获，都是保护工作者最幸福的时刻。

2006年6月10日，我们曾以无比喜悦的心情迎来了中国第一个“文化遗产日”。10年的奋争，10年的坚守，10年的耕耘，10年的收获。再过半个多月，我们又将以无限期待的心情，迎来中国第十个“文化遗产日”。谨以“新视野·文化遗产保护论丛”献给这一节日，献给长期以来用智慧和汗水呵护文化遗产的文博同人，祝愿祖国的文化遗产永葆尊严；献给长期以来用真情和热心关注文化遗产的社会民众，祝中华文化遗产事业蓬勃发展。

2015年5月25日

目 录

村落文化景观保护面临的挑战及应对①

（2008年11月）

村落文化景观遗产是在各自不同的自然环境、生态条件和文化土壤下生成的。不同民族、不同地域的村落文化景观遗产千姿百态。

今天，历史文化村镇和乡土建筑遗产作为极富吸引力的文化资源，正成为许多地区，特别是少数民族地区提升经济文化水平的重要手段。对这些文化资源的合理利用，不但可以使集体和民众从中

景德镇瑶里东埠古村（2014年1月9日）

① 此文发表于《贵州文化遗产》，2008（6），11页。

得到实实在在的收益，也可以更好地保护村落文化景观遗产。

但众多村落文化景观在现代生活中也面临着日益严峻的挑战：一是对新农村建设的误读造成“大拆大建”；二是盲目引进城市经验造成“千村一面”；三是追求利益最大化造成“旅游污染”；四是法规体系不完善造成“政策缺失”。

如今，人们对精神文化的需求在悄然发生着变化。特别是久居城市的人们，更对田园风光、民居村落、乡土菜肴有一种久别的亲近和想念。在这一情势下，历史文化村镇的发展应该转而面对自我，重新发现自身的价值，重新找寻自己的特色，重新思考发展的定位，而非继续盲目地向城市看齐。如此，才能使村落文化景观和乡土建筑遗产在保护与利用中形成良性循环，在良性循环中实现和谐发展。

历史文化村镇的保护不宜迁走民众，实施单纯意义的“博物馆式”保护，而需要将其纳入现代生活的轨道，探索更加积极的保护措施。保护村落文化景观和乡土建筑遗产是为了民族文化的传承，为了使保护成果惠及当地民众。因此，在村落文化景观遗产保护过程中，应格外重视当地民众生活水平的提高和生态环境的改善，应该在尽量维持原有生活特色的基础上，完善历史文化村镇作为生活空间的现代功能，保持乡土建筑遗产内有适量的原住居民，维护其生活气息和文化活力。

村落文化景观遗产的保护与所有生活在其中的民众密切相关，民众是其保护和传承中的灵魂。只有唤起当地民众的文化自觉，才能够说村落文化景观保护真正取得了成效。保护必须与社会进步一致，实现动态发展。

对历史文化村镇和村落文化景观进行保护，在不改变乡土建筑遗产外观的前提下，应允许和指导居民对乡土建筑内部进行适度改造与合理利用，使乡土建筑具备现代生活的居住要求。如果人们在乡土建筑遗产里仍然可以享受到现代文明带来的种种方便，就不会再愿意离开乡土建筑。

在历史文化村镇内建设必要的市政生活设施，主要安排在保护范围外侧的建设控制地带内，如必须在保护范围内安排，则应尽量合理利用原有建筑物，确需新建，则应力求位置隐蔽、体量适度、形式朴素、色彩淡雅，不应移植外地的建筑形式和风格，不应追求高档和豪华，不应干扰历史文化村镇原有的历史风貌和传统格局。乡土建筑遗产的外部改造则应当尽可能遵从“最少干预原则”、“可塑性原则”、“可识别性原则”和“可读性原则”。

村落文化景观遗产的保护应最大限度地鼓励民众参与。历史文化村镇保护,尤其是乡土建筑遗产保护应确定当地民众的主体地位。乡土建筑遗产如何保护，决定于它们的主人，只有尊重其主体地位，乡土建筑遗产才能存在与发展。民众了解村落文化景观遗产的文化价值，捍卫自己身边的文化遗产，也要有一个认识上提升的过程。社会的责任在于唤起他们的文化自觉，使其科学、理性地认识传统与现代的关系，进而自觉地保护村落文化景观。

当前文化景观遗产面临的挑战①

（2010年1月）

自人类创造文明以来，在地球上留下了蔚为壮观、堪称丰厚又不可数计的文化景观遗产，但是由于来自战争力、自然力、人力等诸多因素的干扰与破坏，文化景观遗产面临着不断消失的威胁，加上文化景观遗产自身不可再生的特质，其资源的日益稀缺成为必然

摩洛哥直布罗陀海峡（2005年1月29日）

① 此文收录于《走进文化景观遗产的世界》，天津，天津大学出版社，2010。

规律。世界上的任何事物其最终消失是绝对的，而其存在则是相对的。也正因为如此，人类曾经创造过的文明能继续以物质的和非物质的形态存在于世的数量，实在难以令人乐观，因此更应该格外加以珍惜。对于今天的政府和公众来讲，重要责任之一就是如何想方设法，最大限度地防止文化景观遗产被破坏与消失。

一、来自保护理念方面的差距

长期以来，西方文化中的强势族群提出原住居民与当地自然景观不协调的观点，主张“荒野”中优美的山川、沙漠、草地、沼泽、海塘、盆地等天然景观要排除人类的生活居住才能得以保存。因此，这些原住居民被他们视为“人类进步过程中的障碍”，需要被“区隔”或“孤立”。19 世纪，法国政治思想家托克维尔 (Alexis de

波兰克拉科夫古城瓦韦尔国王城堡（2007 年 11 月 3 日）

Tocqueville) 在所著的《论美国的民主》中不得不承认："欧洲人从各个方向把印第安人包围在一个日渐缩小的地域内，印第安人在一种自己并不擅长的竞争中被侵害，他们在自己的国土上被孤立，成为强大的、人数占优的外族人海中弱小的异类。" 1872 年建立的黄石公园是全球第一个国家公园，但是，黄石公园创立之初的理念是"排除人类影响"，崇尚"荒野"的肃穆与宁静。美国联邦政府把一些独特、优美的自然景观划定为不准人们永久居住的保护区。1964 年，美国颁布了世界上第一部《荒野保护法》，其中定义："荒野，相对人及其工作所占据的那些景观区域而言，被视为没有被人开凿过的大地及其生命共同体所在的区域，在那里人本身是一个不能够逗留的参观者。"这种对待遗产地内原住居民的政策影响了全球有关"无人公园"的理念。特别是在申报世界自然遗产项目时，许多国家轻率地移植这套国家公园的理念与制度，而未严肃地面对其中原住居民的生计、文化以及其他权益等问题，甚至导致了原住居民不断地抗议以及冲突等后果。①

随着时代的变迁，人们对于文化景观的理解处于不断发展和深化之中。但是，文化景观是重要的文化遗产资源的理念至今尚未得到普遍认可，这导致城乡建设与经济发展不断对文化景观进行过度干预，使其原有环境和风貌不断发生变化。而在文化景观遗产保护中，一方面，往往过多强调表象的、物质的一面，忽视贯穿于其中的历史文脉和文化内涵，实际上，两者不可分离，存在相辅相成的密切关系；另一方面，往往只有杰出的、在历史上或艺术上占有重要地位的文物古迹和纪念性建筑才能得到妥善保护，大多数的管理、资

① 孙文浩:《勿"东施效颦"——浅析中国世界自然遗产地中的原住民搬迁问题》,发表于《世界遗产保护杭州论坛暨 2008 年国际古迹遗址理事会亚太会议论文集》，81 页，非正式出版物，2008 年。

金与技术都只投入到它们的保护方面，而大量传统民居、乡土建筑和老字号遗产等却难以得到保护，一些民间文化遗产，往往因其不具有典型性和代表性，就任其自生自灭，特别是在“旧城改造”或“新村建设”中加速消亡。林徽因教授早在新中国成立初期就曾指出：“北京市保护旧文物建筑多半属于宫殿、庙宇，对民间建筑便没有注意，艺术从来有两个系统，一个是宫殿艺术，一个是民间艺术，后者包括一些住宅和店面，有些手法非常好，如何保存这些是非常重要的。”[①]这些充满生活气息的民间文化遗产如果不能受到应有的重视，不能在法律上确定其获得保护的权利，不能采取切实有效的保护措施、不能建立资金筹措渠道和维护机制，它们将难以避免被拆除或被遗忘。

长期以来，我国的经济是一种政府主导型经济，各级政府都是经济建设型政府，在这种体制下，容易片面强调发展经济，追求经济上的高速度，并把经济指标作为考核领导干部政绩的重要指标。快速城市化进程，更使得许多城市政府过于急功近利，不断追求推陈出新，一味塑造“现代化”的表象，过于强调城市景观的恢宏与壮观,而忽视了民众最基本的需求和人文关怀。一些城市盲目追求“城市化”，角逐所谓“现代化大都市”，人口密度迅速增加，基础设施严重滞后，导致城市超负荷运转。许多城市为了追随潮流，完全抛弃了原有的建筑风格，脱离当地的传统习俗，将物质和非物质文化遗产一并掩埋在钢筋混凝土森林之下，损毁了千百年来独具特色的文化景观遗产，丢弃了地域文化和民族文化的许多证物，丧失了城市的真正魅力。新的建设所造成的“千城一面”，更使城市风貌发展方向难以把握，其结果既抹杀了过去，又迷失了未来。“由此可见，

① 此为1953年8月20日林徽因在“关于首都古文物建筑保护问题座谈会”上的发言。

寻找城市的特色之美、历史之美、生态之美和人性之美是现阶段我国的景观环境建设不能忽略的重要课题。尤其是随着我国城市化的不断发展，城市人际关系越来越疏远，原有的社会共同体遭到瓦解，重新塑造一个良好的地域共同体和人文关系显得极为迫切”。①

据马国馨院士介绍，“全球最大的200家国际设计公司中，目前有70%在我国有业务活动或者建立分支机构。这些著名设计师或事务所为了高额设计费，投其所好，一味迎合业主，全然不管建筑工程的投资效益和经营回报：你要‘新、高、特’，他就给你送上既费工又花钱又难保养的奇形怪状；你要气派，他就给你送上资源浪费的高大体形；你要大手大脚，他就给你送上奢靡豪华；你要容积率，他就帮你见缝插针，继续制造城市的热岛效应”。一时间，新奇的创意、漂亮的平面构图，成为规划设计方案得以被采纳的法宝，而那些尊重传统文化、地域文化、民族文化，能够真正改善人居环境的规划设计方案却往往被视为过时，得不到重视。于是，一幢幢不讲究工程质量、不讲究结构安全、不讲究文化品味的所谓标志性建筑在各地拔地而起。这些稀奇古怪的形状违背力学原则，使建筑在结构受力、构造上出现许多极不合理的地方，浪费大量的钢材、水泥和资金，施工安装也很困难，并极大地增加了建筑在结构安全性和耐久性上的风险。“一些本来很简单的设计，却要搞得非常复杂，仿佛不这样无法显示出自己的水平本领来，这其实是一种病态的设计理念。”张锦秋院士对我国建筑设计领域的问题深有体会，她认为，“现在许多有争议的建筑设计，虽然是由建筑师绘制，但其设计要求却来自于领导思想、长官意志，什么‘新、奇、特’，什么‘一百年不落后’，这些提法大都出自各级领导之口。”正是因为一些领

① 肖溪：《兼容并蓄 构筑城市景观之美》，载《中国建设报》，2009-04-23（2）。

导对形象工程的追求、一些单位的财富炫耀心理，才使得一些建筑师去迎合业主，最终违背“实用、经济、美观”的原则。

伴随全球化的浪潮席卷各地，不少城市迫不及待地迎合世界潮流，唯恐在新的发展机遇中落后，仿佛当物质文明达到一定程度时，现代化的生产技术和模式可以高速地复制一切，甚至是一个城市。近年来，许多大型建设工程只关注项目自身形象，而对于周边景观环境的评估，以及新旧文化景观之间的融合缺乏考虑。一些开发商为了追求高额经济回报，往往在建设之前缺乏对当地周边情况的深入调研，造成建设项目本身或许比较美观，但是与周围环境反差巨大，潜移默化地造成了相邻社区民众之间的心理隔阂。吴良镛院士认为，我们“现在不是没有规划，而是充满了各种规划；不是领导不重视规划，而是有些决策人口口声声要加强规划，真正的问题在于：有规划无思想，甚至违背科学发展观，或者是把自己的意志强加于规划”[①]。俞孔坚教授则呼吁，“希望在中国大地上从事设计的外国同行，要尊重和珍惜中国的土地，如同尊重和珍惜自己的土地，千万不要把他们的失败与教训在中国大地上重演；在这块土地上上演的应该是他们的经验；特别希望唤起城市建设决策者们的注意”[②]。

一段时期以来，各种建筑思潮风起云涌，一些建筑师经常给所设计的建筑物冠以“后现代主义”、“解构主义”等概念，以混淆视听。对此，彭锋先生认为“现代主义是一种普遍的功能主义，表现在建筑和景观上就是国际化的风格。一座建筑的理想目标，就是不能让人辨认出它是哪里的建筑，无论是在纽约还是在北京、在巴黎还是在开罗，它都可以以完全相同的形式存在”。“后现代主义就是对

① 李同欣，秦佩华：《大型建筑设计应尊重原则》，载《人民日报》，2008-11-21（13）。
② 俞孔坚，李迪华：《城市景观之路——与市长们交流》，61页，北京，中国建筑工业出版社，2003。

这种普遍的功能主义和国际化风格的反动，主张将不同时代不同文化中出现的各种不同的建筑风格杂糅起来，从而形成所谓的混杂的后现代主义”。因此，“从奉行抽象的标准的角度来说，它实质上与现代主义并没有什么本质的区别”[①]。事实上，在规划设计领域，从现代主义的工业理性，到后现代主义的商业猎奇、视觉消费，再到解构主义的纯粹理性，都未将关注点真正落实到文化景观所倡导的“以人为本”这一核心价值上。在当前世界经济一体化的形势下，钢筋混凝土、玻璃、塑料等新型材料已普遍应用于大型公共建筑中，新型材料使建筑变得时尚，但也使城市面貌趋同，更有一些建筑强加上与结构完全无关的造型，显得新奇而怪异、虚夸和华而不实。吴良镛院士指出，随着科技的发展，新材料和新结构的应用为城市建筑标新立异提供了可能，但现在片面追求建筑表面样式，已经将中国建筑引入歧途，到了不能不加以正视的地步。

20 世纪 90 年代以来，随着我国城市化进程的加快，建筑业也迎来前所未有的发展高峰，但是，随着文化全球化逐渐成为现实，物化空间的全球相似性引起人们对文化趋同性的忧思，大量的规划设计相似和雷同，使城市失去了个性，也使人们的生活和行为方式变得同质化和模式化。有的城市在城市文化景观塑造中，以洋为美，造成欧式建筑成风，竟然不顾环境和条件，在历史城区内，甚至历史文化街区中，也插建一些与周围景观极不协调的所谓欧式建筑，结果不但没有为城市文化景观增色，反而破坏了原有的特色和整体协调。“现阶段，以欧式建筑为‘卖点’的高档住宅小区风行。众多房产开发商纷纷推出‘欧陆风情’招揽客户，从‘地中海别墅’到‘苏黎士小镇’，从‘威尼斯水城’到‘戈雅公寓’，一个个笼

① S.C. 布拉萨：《景观美学》，彭锋，译，5 页，北京，北京大学出版社，2008。

罩着‘异域光环’的形形色色的欧式建筑，星星点点镶缀在祖国的青山绿水之间。以至于从建筑上，尤其是现代的建筑上，很难体现城市的历史积淀和建筑文化的积累传承”[①]。早在40多年前，梁思成先生就曾警告过，“我们有些住宅区的标准设计‘千篇一律’到孩子哭着找不到家；有些街道又一幢房子一个样式、一个风格，互不和谐。即使它们本身各自都很美观，但放在一起就都‘损人’且不‘利己’，‘千变万化’到令人眼花缭乱的地步。我们既要百花齐放，丰富多彩，又要避免杂乱无章，相互减色；既要和谐统一，全局完整，又要避免千篇一律，单调枯燥”[②]。

城市是文明的标志，文化是城市的灵魂，必须强调文化在城市建设中的核心地位。当前，一些城市到处是繁忙的建设景象，整个城市就像一个大工地，而无节制地快速蔓延破坏了城市中原有的公众生活空间，在有意无意间失去了城市原有的个性，陷入盲目模仿的泥潭。一个真正充满活力的城市应该给予人们鲜活的城市印象和记忆，“建筑的个性必须是从生命内部放射出来的，是从城市灵魂里自然而然流露出来的。一个城市没有自己的建筑风格，不管外表多么张扬，骨子里也是失魂落魄的。没有个性”[③]。“德国一位知名建筑师在参观过中国的几个大城市后，发表的观感竟是：这种夸张造型的建筑太多，整个城市看上去就不像是社会生活的场所，而像一个狂欢会，建筑物如同成群的演员，各个都在奋力表现自己。还有一位西班牙老建筑师到了中国西部一个大城市，登高观看整个城市的全景后，认为“那些建筑‘不是音乐，而是声音；不是建筑，而是建造’”[④]。正如，

① 乔爱军：《卖“概念”还是卖“文化”》，载《中国建设报》，2008-10-09（3）。
② 梁思成：《千篇一律与千变万化》，载《人民日报》，1962-05-20。
③ 蒋子龙：《城市的个性》，载《城乡建设》，2004（4），62页。
④ 吴学安：《“权力审美”足以让城市面貌“毁容”》，载《中国建设报》，2008-11-25（3）。

2002年《国务院关于加强城乡规划监督管理的通知》中所指出，“改革开放以来，我国城市建设发展很快，城乡面貌发生显著变化。但近年来，在城市建设中出现了一些不容忽视的问题，一些地方不顾当地经济发展水平和实际需要，盲目扩大城市建设规模；在城市建设中互相攀比，急功近利，贪大求洋，搞脱离实际、劳民伤财的所谓‘形象工程’、‘政绩工程’”。

长期以来，在我国城市建设中，最缺乏的就是把文化与自然结合起来进行统筹规划的思路。“如小城镇设计，只要把居住区、公共中心、以‘大街坊’为尺度的交通系统、绿地系统等，找好几何中心，加一些轴线、对景等建筑构图的手法处理，城市设计就完成了。以此为蓝图，依次建设就行了”[①]。由此造成不少城市以往循序渐进、自然生长的传统文化空间急速减少，新、旧区域空间形态的矛盾不断加剧，城市文化特色迅速消亡；不少城市对传统中轴线、天际轮廓线进行了不恰当改造，历史文脉延续的轨迹难以寻觅，失去文化景观的原有魅力；不少城市历史街巷肌理遭到破坏，文化街区和特色建筑被大量拆除，文化景观的重要物质载体不断消失。由于长期以来，仅仅用“改造”的思路来进行历史城区的规划建设，造成单一思维定式指导下的建设性破坏。“当前全国各地的城市建设轰轰烈烈，为何‘千城一面’难以解决？一个重要的原因就是开发模式单一，有些城市的决策者以为有了标志性建筑就可创造特色，盖一些和别的城市不一样的建筑，就能制造特色，实际上多是抄袭外国的畸形怪胎，形式上好像多样，实际脱不了西方的窠臼。越追求特色，越丧失乡土本色，‘千城一面’就更为严重了”[②]。因此，

① 吴良镛：《人居环境科学导论》，48页，北京，中国建筑工业出版社，2001。
② 吴良镛：《借“名画”之余晖 点江山之异彩——济南“鹊华历史文化公园”刍议》，载《中国园林》，2006（1），2页。

对于城市类文化景观来说，自然环境和人文风貌的整体保护，远比单体文物的保护更为重要。

在当前追求气派和攀比之风盛行的城市建设思潮之下，许多城市都在为建设纪念性和展示性的“景观大道”和“城市广场”而大兴土木，它们往往以欧洲的巴洛克城市景观为样板，强调宏大、宽广和气派。专家分析，这些“景观大道”和“城市广场”往往存在诸多弊病。一方面，不少“景观大道”为机动车设计，对于步行者来说是一道危险的屏障，粗暴地隔断了道路两侧的交通，因而忽视了多数民众的利益。一些“景观大道”过分强调轴线性和观赏性，野蛮地打破了原有城市街巷肌理，导致城市功能效率低下。另一方面，不少“城市广场”更像舞台布景，政府大楼往往成为观赏的主角，而不是以民众的休闲和活动为目的，过分追求宏大的占地规模，追求高档石材铺装，追求大草坪和大喷泉，而无绿荫供人们遮阳，无座椅供人们休息，甚至无资金保障日常运行，缺少对于人的需要和安全方面的考虑。实际上这是对城市形象和文化精神的污染。同时，“景观大道”和“城市广场”的兴建往往伴随大量搬迁原住居民和拆除传统民居，不但耗资巨大，造成土地资源的浪费，影响城市经济发展，而且使成千上万人离开故土迁往新区，既损毁了城市的传统风貌，又破坏了城市的社区结构，导致广大民众场所感与认同感的丧失。

2009 年 4 月出版的《中国城市发展史》披露，我国城市广场存在盲目求大、布局雷同、破坏文物、漠视周边环境等问题。成功的广场应代表所在城市的基本特色，成为城市文化的重要象征，但是目前城市广场规划布局千篇一律，“不求最佳，只求最大”，明显存在格式化、模式化的倾向，在追求西方几何图案的外表掩盖下，广场的构思往往失于简单，布局失于单调呆板，多由草坪、硬质铺装地面、水池或喷泉构成，使人感到缺少主题和个性，缺乏与所在城市必要的文化联系，缺乏对地方自然环境和文化景观的尊重，进而导致使用功能的偏差。同时，一些大型广场周边任由新建筑高密度建设，普遍设计水平低劣。[①]不少城市在开发建设中追求气派，追求最大、最宽、最长，攀比之风盛行，强调几何图案、金碧辉煌等。如今，走到很多城市，都能看到豪华的办公楼、宽阔的马路、巨大的广场、高耸的广告、新移栽的大树、西洋化的地名。这些城市建设追求气派，看似与时俱进，其实从某种意义上说，是缺乏文化自信的表现，其根源在于不能从关怀普通民众生活的立场来规划建设城市，与之伴随的大拆大建，更是对历史城区的严重破坏。上述情况已经不是发生在个别城市，危害也不仅在于局部地段，而是剧烈地改变了大多数历史性城市的空间结构和历史风貌，使这些城市失去了与民族传统和地方特色的联系。

城市色彩是城市文化景观所呈现出来的所有可被感知的色彩总和，其中建筑色彩格外引人注目。伴随着社会经济的发展，面对多元文化的冲击和新材料、新工艺的出现，建筑色彩在城市环境中逐渐呈现出混乱的局面，这也反映出在社会转型过程整体意识、责任意识的缺乏与淡漠。如今，科技手段的进步、物流系统的快捷，使人们可以轻松自如地将其他城市和地区的建筑设计图纸移植于本地，可以轻而易举地将其他城市和地区的建筑材料应用于本地。于是，不知不觉中许多城市在五彩斑斓的色彩中迷失了属于自己城市的个性与特色，这种变化虽然常常不能引起人们的关注，但是却吞噬着珍贵的城市记忆，使通过城市色彩所延续的历史文脉在大规模城市

---

① 于振华：《城市广场存在四大误区》，载《中国文化报》，2009-07-28（5）。

建设中被无情地割断。“今天我国众多的城市还没有形成自己的主色调，面砖、幕墙、钛金板、磁性涂料，加上杂乱无章的屋顶，或大红大绿、或花里胡哨、或粗俗浅薄、或杂彩纷呈，不但浪费了人力物力，更影响了城市风格特色、个性的形成”[①]。而城市色彩的不和谐，也造成了城市的环境污染，引起人们心情的烦躁不安。朱祖希先生认为，“建筑物在一个城市之中是不能‘独善其身’的，它必须与环境配合调和”[②]。同时，城市色彩是历史积淀的过程，也不能人为地规定在短时间内将整个城市建筑涂抹成统一的色彩，使城市景观缺乏历史的真实性。

城市雕塑是一切造型艺术中最有力度和最具有感召力的有形艺术。当前，各地建设城市雕塑的热情空前高涨，全国每年新增城市雕塑远在万件以上。从省会城市，到县城乡镇，仿佛一夜之间要把所有空间都填满。但是，与之相伴的则是大量“垃圾雕塑”的出现，到处可见不锈钢飘带、棍和球组合的低劣雕塑，艺术质量堪忧。很多地方要么建设雕塑长廊，要么建设雕塑广场，要么建设雕塑公园，要么建设雕塑景观大道，少则十几件，多则几十件、上百件作品，精品少、败笔多。一些石料加工、金属加工企业，在利益的驱动下，到处承接城市雕塑业务，从业人员素质参差不齐，加上盲目模仿和抄袭成风，许多城市广场都竖起了“几个球加几根柱”的所谓抽象艺术雕塑，使城市雕塑千篇一律，毫无个性。在一些城市，竟然出现了专门配套生产、销售大小不同的圆球、钢柱，并可以临时组装“抽象艺术雕塑”的商店。因政绩需要的突击性工程，严重脱离艺术规律，促使城市垃圾艺术品的滋生。很多城市雕塑不仅没有起到美化城市的作用，反而

① 刘军：《色调之争：城市需不需要“制服色”》，载《中国文化报》，2008-11-25（7）。
② 朱祖希：《对“人文北京”的感悟》，载《北京晚报》，2008-11-28（43）。

成为无法抹去的“视觉公害”。城市雕塑是可以模仿、可以复制的，但是城市的地域特点、独特风貌和文化景观是不可能模仿和复制的。实际上，一座城市是否有文化品位，不在于建造了多少座雕塑，而在于建造的雕塑能否代表城市的文化特色和具有文化意识。

目前，还出现一股将文化景观遗产在旅游或经济发展中进行市场定位的潮流，将“开发”文化景观遗产视为商业或旅游发展的“机遇”，甚至涌现出许多所谓“国际招投标”的规划设计方案。但是，这些设计往往忽视文化景观遗产保护的特殊需要。同时，不少文化景观遗产在环境整治过程中，比照西方的设计理念，随意处置原有丰富的地形高低变化，随意破坏原有天然林木植被，随意增加大面积硬化地面铺装，因缺乏特色而使人们感到乏味，不能产生亲近的感觉。例如2003年以来，有关部门实施北京“元大都城垣遗址公园”的“改造工程”，在西起肃清门，东至东北角城台的近9000米沿线的土城外围，展开了大规模的造园、造景、造林施工，实施护城河施工改造。改造工程使元大都城垣及护城河风貌大为改观。然而令人遗憾的是，工程并未立足于文化遗产本体保护、生态状况的改善和历史环境的修复，而是将重点放在了新的人造景观建设。经过改造的遗址公园，城墙与护城河之间新建了大量亭台榭舫、群雕壁画、服务设施，河岸两侧亦建有各式房屋，多辟为餐饮场所，护城河在不同地段被修葺成不同风格的水系景观，点缀着10余座风格各异的桥梁，这一系列的改造成果，使人们再也无法体验该处遗址类文化景观应有的意境。

在城市化加速进程、经济持续快速增长和大规模城乡建设的背景下，不少城市和地区的文化景观遗产保护尚未进入城市规划视野之中，保护往往处于被动局面，对文化景观构成极大冲击。我国众多历史文化名城、名镇，其本身就是不可多得的文化景观资源，但是，今天它们的这一优势并未能得到充分发挥，山、水、林、城交融一体的得天独厚的文化景观没有能够得到应有的展现，城市建设缺乏特色个性。文化遗产与其所处的环境同时存在，相辅相成。例如巍巍雪山、涓涓泉水和阡陌农田、历史村落分别是一些历史文化名城、名镇的独特环境，遗憾的是，在相当长的时期，自然生态环境没有得到足够的重视，保护往往仅限于文化遗产本体。一处文物古迹如果出现了险情，人们会加紧维修，但是对于与之共生的自然环境的变化却并不敏感，使文化遗产自身的价值也随之降低。一些历史文化名城、名镇在经济利益的驱使下，盲目引进房地产开发，导致原有社会经济结构和传统生活方式发生改变，造成传统民族文化和历史遗存的消失。这些不可逆转的变化，极易对文化景观遗产脆弱的生态环境造成整体性的破坏，使古老文明的珍贵价值受到极大损害。

福建厦门鼓浪屿（2012 年 9 月 17 日）

文化景观遗产具有多重价值，不仅拥有生态、环境和科学的价值，还具有美学、文化、娱乐的价值，但是，一些城市在城乡建设中将水面、林木、山体、岩石、田野、洞壑、溪流等本应保护的自然因素当做可以任意开发的处女地，不断地损害文化景观不可再生的宝贵价值，削弱自然环境的自我修复能力。不负责任的改造和不可持续的开发，必然导致现代与传统疏离、人类与自然疏离，造成大量文化景观遗产的丧失。同时，这也带来投资环境的恶化，旅游产业的滑坡，社区功能的蜕化，利用效率的下降。厦门鼓浪屿是个面积只有 1.91 平方公里的小岛。由于近代以来中西文化的碰撞与交融，鼓浪屿形成了独特的建筑风貌，被世人誉为“万国建筑博览会”；岛上曲折优美的海岸线、沙滩、礁石与大海交相辉映，形成了奇特的自然风光；丰富的文化遗产与优美的自然环境共同构成了独具特色的文化景观。但是，前些年的开发建设对鼓浪屿文化景观遗产保护造成负面影响：一是岛上近百家工业企业，占用了大量土地，所造成的污染严重损害了生态环境和文化景观；二是岛上居住人口 2 万多人，人口密度高，建筑密度大，居住环境差，与文化景观遗产保护矛盾突出；三是由于房地产经济利益的驱动，不适当地建设高密度别墅区和大体量建筑物，粗制滥造的房屋与原有建筑风格、自然环境极不协调，破坏了文化景观资源。①虽然有关方面已经开始高度关注这一状况，并积极加以扭转，但是难度之大可以想见。

《无锡建议》注意到，工业遗产正受到以下威胁，一是近年来随着城市空间结构和使用功能需求的巨大变化，新型工业建设项目开始向城外拓展，城内的旧工业区日渐废置；二是由于现代技术的运用、社会生活方式的转变，使传统工业陷入困境，先后遭遇工业

① 周维钧：《海上花园鹭岛明珠》，载《规划师》，2000（1），40 页。

衰退和逆工业化过程，不少企业面临“关、停、并、转”的局面；三是城市建设进入高速发展时期，一些尚未被界定为文化遗产、未受到重视的工业建筑物和相关遗存，没有得到有效保护，正急速从城市中消失。

景德镇制瓷始于汉代，它之所以闻名天下，主要归功于瓷土。高岭土土质纯，耐温性能好，是景德镇陶瓷长盛不衰的原因之一。正是因为景德镇有着高岭土等优质瓷土和瓷石，奠定了景德镇在陶瓷领域的领先地位。自清朝官窑设立，景德镇开始对瓷土资源进行规模开采，至今已有几百年的历史。然而，随着长时间大规模地开采，当地瓷土矿资源逐步减少。2009 年 3 月，从国家发展和改革委员会传来消息，景德镇被明确列为第二批资源枯竭城市——在经过千年的挖掘之后，景德镇人赖以自豪的陶瓷原料高岭土已经濒临枯竭。作为我国最古老的工业发祥地之一，随着资源枯竭和有关矿产资源政策的实施，大批瓷土矿和以瓷土矿为主要生产原料的企业将面临破产、关闭。①

景德镇瑶里东埠古村（2014 年 1 月 9 日）

① 陈勇：《瓷都变局》，载《小康》，2009（5），24 页。

抚顺是一座拥有百余年工业文明史的重工业城市，自20世纪初挖出第一锹煤起，抚顺就开始了近现代工业化进程，成为闻名中外的“煤都”。新中国的第一桶油、第一吨钢、第一车煤、第一吨铝，均曾在这里生产出来，因此，抚顺也成为名副其实的新中国工业摇篮之一。抚顺最具代表性的工业文明象征是“一坑一井”。“一坑”，就是亚洲第一、世界第七的人工挖掘的西露天矿，这是存在于抚顺地域的最大的工业文明证物；“一井”，就是高达63米的巨大的工业构筑物——龙凤矿竖井，它的外形如纪念碑，曾经是“煤都”的象征和标志。在我国，像抚顺这样工业发达、门类齐全、企业密集、产业工人众多的老工业基地为数并不多。“然而，令人遗憾的是，在抚顺，许多退出生产领域的机器设备、建筑设施、图纸资料、文件档案等并没有得到妥善保护，一些被毁坏，一些被当做废物变卖或拆除，一些有着几十年、上百年历史的老厂房在近几年的城市改

北京北海（2009年6月30日）

造中被拆除了，仅存于世的也面临着毁形灭迹的厄运”。“据调查，某单位曾经把一台有 100 多年历史的小火车头以 40 万元的价格卖给了美国一家公司，而美国这家公司买去之后，把它作为本企业的‘形象大使’，极力标榜，四处宣传，为该企业增光添彩”①。

文化景观遗产是一个完整的体系。但是，在当前的城市建设中，对于保护文化景观遗产的整体格局及其文化底蕴力度不够，一些城市和地区为了获得暂时的、局部的利益，片面强调某一元素的发展、单一效益的获得或局部地区的繁荣，而切断区域内文化景观之间的有机联系，采取条块分割的做法，导致文化景观的破碎，以及整体品位的下降。近年来，北京市陆续制定了《北京历史文化名城保护规划》《北京旧城 25 片历史文化保护区保护规划》《北京皇城保护规划》《北京中轴线城市设计》等。这些保护规划和相关规定，是对历史文化名城和城市文化景观实施整体保护的重要依据，应具有法律效力。但是在规划实施过程中，仍然阻力很大，保护规划落实难、执行难的问题突出，违反规划的建设时有发生。例如位于北京市宣武区的一些区级文物保护单位已经在“旧城改造”、“危旧房改造”过程中被彻底拆除，有的虽然打着所谓“异地重建”的旗号，但是至今未见实施。再例如始建于 1542 年，坐落于故宫西北角楼北侧的全国重点文物保护单位大高玄殿，是明清两代皇家的道教宫观，本应作为故宫—景山—北海皇家建筑群的有机组成部分，但是由于被有关单位用做库房，长期得不到妥善解决。②

---

① 作者不详：《请保留下抚顺的“一坑一井”》，载《中国文化报》，2009-05-05（8）。
② 北京市政协文史资料委员会：《北京文物周边环境保护调查》，载《北京观察》，2007（9），50 页。

二、来自开发建设方面的破坏

数千年灿烂的传统文化，培育出世界各地独特的文化景观遗产。但是，由于文化景观遗产纳入保护视野的历史短暂，至今并未受到应有的重视，尚未形成深入人心的审美理念和较为成熟的评价体系。特别是近年来，一些历史性城市忽视传统城市格局和历史风貌特色，在文化遗产的保护区、缓冲区以及不恰当的地段，建造大体量建筑物、高层建筑群或大型市政交通设施，导致文化景观遗产严重破坏的实例发人深省。例如世界文化遗产易北河谷文化景观位于德国的德累斯顿。该处文化景观是欧洲文化、科学和技术的交融之地，是18—19世纪中欧发展最重要的证据。这一文化景观沿着河谷纵深18公里，主要由古老的牧场、宫殿、纪念碑、公园，以及具有自然风光的别墅和花园组成，同时，还拥有重要的工业遗产。早在1985年，德累斯顿市曾就城市文化景观可能受到威胁，向联合国教科文组织提出保护申请，但是由于缺少真实性原因而未获通过；2003年，投资商计划在易北河边的山坡上建造一座7层楼房，遭到市民的强烈反对，为了保护特有的文化景观特色，德累斯顿市再次提出申报世界文化遗产事宜。2004年德累斯顿易北河谷作为自由发展的文化景观才被列入《世界遗产名录》。

但是，易北河谷文化景观的保护一波三折。世界遗产委员会不久又决定将该处文化景观遗产列入《濒危世界遗产名录》，其原因是德累斯顿市因城市发展的需要，拟在河谷风景优美的河湾处建铁桥“蓝色幻惑”，这座4车道的大桥全长635米，2007年11月开工，计划于2011年竣工通车。原来德累斯顿的易北河上有几座桥，拟建的桥处于河谷两岸开阔地，是城市开放绿地空间。设计方案出来后，建桥的计划受到国际文化遗产领域的广泛关注，连续4年的世界遗产委员会会议持续讨论该项目，并多次派监测团到现场调查、监测。监测结果认为建桥将严重破坏易北河谷文化景观遗产的完整性，破坏其突出的普遍价值，因此，多次劝阻缔约国终止建桥行为。但是，德累斯顿市政府认为，建桥符合当地法律，征求过利益相关者的意见，也做过公开听证，不认为建桥会影响世界文化遗产的价值。虽然德累斯顿市政府委托设计单位反复修改桥梁设计方案，并于2008年1月重新修改方案，例如去掉了桥上的灯柱，减小了地面生根处的设计等，但是未接受世界遗产委员会会议的建议，仍然未放弃建设桥梁。此后，根据咨询机构的监测，遗产地市政府在选择建桥和保留世界遗产称号面前，选择了前者。2009年6月，在西班牙召开的第33届世界遗产委员会会议上，经过投票，以14票赞同，6票反对，1票弃权的结果，决定将德国易北河谷文化景观从《世界遗产名录》中除名。德国易北河谷文化景观被除名一事，再次警醒各国政府，世界文化遗产没有终身制。

另一起因城市建设导致文化景观遗产受到威胁的事件也发生在德国。科隆大教堂是欧洲著名的哥特式建筑，1248—1880年，经历了长达6个多世纪的建设，有力地见证了中世纪欧洲基督教信仰持久的力量，为此于1996年列入《世界遗产名录》。但是，由于莱茵河对岸兴建的几栋高层建筑，对作为城市地标的科隆大教堂的文化景观完整性产生了负面影响。过去几十年间，面临城市发展的压力，科隆大教堂规划缓冲区的高度控制历经几次改变，新建筑允许的高度越来越高，2003年被指责的高层建筑（RZVK大厦）还在建设时，世界遗产委员会就已经对此发出警告，但是高层建筑不但竣工，还增加了4栋高楼，不断恶化的情况导致科隆大教堂蒙羞。2005年7月，世界遗产委员会将科隆大教堂列入《濒危世界遗产名录》，并要求科隆市政府重新考虑当前的建筑设计对世界文化遗产的视觉影响，任何新的建设均应该尊重文化遗产的“视觉完整性”。目前，在当地政府的努力下，保护状况已得到逐步改善，终于在 2006 年 7 月，经第 30 届世界遗产委员会会议审议决定，科隆大教堂脱离了《濒危世界遗产名录》。科隆大教堂的案例体现了文化遗产保护的新标准，“视觉完整性”的重要性被提到新的高度，并足以威胁到文化景观遗产的价值。[①]

类似的争论也发生在英国的伦敦。2006 年 6 月，世界遗产委员会对伦敦世界遗产保护状况提出警告，如果伦敦的城市规划再不充分考虑到对伦敦塔的保护，那么这处文物古迹很可能成为《濒危世界遗产名录》中的一员。根据联合国教科文组织的报告，伦敦塔周围地区的新开发项目“似乎不尊重”文化遗产的保护，除了已经修建的多座摩天大楼之外，伦敦塔附近还正在规划修建一座 310 米高的英国最高建筑。联合国教科文组织认为，伦敦市虽然提出过对伦敦塔的保护计划，却并没有很好地执行。如果附近的摩天大楼一座接着一座地建起来，那么伦敦塔与周围历史建筑之间的关系将受到破坏，也就丧失了历史价值。[②]英国查尔斯王子也曾警告说，英国很多历史遗迹比如伦敦塔，已经被高楼大厦“破坏”了，这些高层建筑正威胁着伦敦的自身特点，失败的规划将毁掉英国历史地区的完整性。人们普遍认为，“查尔斯王子的讲话为伦敦市长 K. 利文斯通（K.Livingstone）设下了一个难题，因为其正拟在伦敦塔旁建一座英国最高的建筑”[③]。可喜的是，国际社会的关注取得了积极的回应。

---

① 岑倩华，陶伟：《城市发展建设与遗产保护》，载《城市规划》，2007（9），71 页。
② 刘双燕：《龟岛和伦敦塔都已濒危》，载《解放日报》，2007-06-24（3）。
③ 诸葛龙：《高楼大厦遮盖历史古迹 查尔斯批英城市规划失败》，载《中国文化报》，2008-02-06（5）。

根据英国2007年3月公布的《文化遗产白皮书》，开发商不准在伦敦塔等文化遗产附近建造摩天大楼。其他文化遗产，如坎特伯雷大教堂和威斯敏斯特宫附近则将设立“缓冲区”。根据新的规定，在文化遗产附近的任何开发计划都必须征求公众意见。[①]

现代的城市建设更多地受利益的驱使，各种利益集团对城市土地寸土必争，肆意开发改造，造成原有生态环境的破坏，城市文脉的割裂，进而导致人居环境质量的急剧下降。如今，盲目追求大规模改造、大规模建设之风愈刮愈烈。据报道，法国总统N.萨科齐（N.Sarkozy）计划宣布巴黎市未来10年十大建筑设计项目，包括未来主义风格的玻璃塔、单轨高铁、塞纳河上的人工岛，这些“大胆”建筑都有可能出现在未来的巴黎。“这是奥斯曼（Haussmann）男爵19世纪中期对巴黎实施大规模改造以来，巴黎市最大型的一次性建设计划”。2007年11月，萨科齐召集了全球的知名建筑师在巴黎建筑城围绕这一主题举行论坛大会。但是，“与会建筑师们认为现在已经不再是美化市中心的时代，而应该把重点放在修补中心市区与周边郊区的纽带上。”巴黎大区地区委员会副主席M.菲利（M.Ferri）批评萨科齐所憧憬的“大巴黎”是个“大歧途”。这一雄心勃勃的规划案不仅不切实际，而且本身就缺少协调性。[②]城市的急剧变化，可以使人类享有更丰富的物质生活，但是人类精神生活的质量却在不断下降。在亚洲，至今仍有很多城市将高层、超高层建筑群视为现代化的标志，就连中小城市也要建设几十层的高楼，有的大城市更是扬言要建“第一高楼”。城市中的钢筋水泥森林，让人们时时感到封闭和压抑，人们的生存环境逐渐恶化。

---

① 王义：《英国：文化遗址附近禁建摩天大楼》，载《参考消息》，2007-03-10（6）。
② 陈静：《萨科齐改造巴黎计划“太大胆”》，载《环球时报》，2009-04-30（4）。

同样的问题在我国一些历史性城市的建设中也严重存在。大量事实证明，在既是文化景观遗产又是现代城市核心的同一个区域内，要同时满足保护和发展都有强烈诉求的双重目标难以实现，二者之间往往不可调和。同时，随着建筑工业技术的发展，为城市空间的垂直扩展不断提供新的可能，城市从平面扩展转向立体空间扩展，在一些历史悠久的城市高层建筑控制了城市天际线。与此同时，随着交通量的增加，城市道路系统开始分层设置，向空中、地下发展，加速形成了高层、高架、高密度的空中城市景象。几十年来，古都南京的城市建设始终集中在历史城区展开，致使这一区域内的大部分地区均经过了一轮“旧城改造”，高密度的人口和高强度的建设使古都不可避免地失去了原有协调的自然环境、布局舒展的风貌特色。以低层建筑为主的传统建筑和自然山体构成的城市轮廓线，也由于日益增加的高层建筑而改变。据不完全统计，在南京历史城区内已建成的 8 层以上的高层建筑共有 956 幢，其中 30 层以上的超高层建筑共有 41 幢。对原有城市布局有着深远影响的诸多自然山体，都无法与不断涌现的高层建筑的超高超大体量抗衡，壮丽的山川和河湖水系逐渐被隐藏在高层建筑群中，原有优美的城市轮廓线遭到破坏，人们已经越来越难以感受到曾经与城市山水格局密切联系的文化底蕴和极具特色的文化景观。同时，由于缺乏有效的引导和控制，高层建筑布局零散，一些超高层建筑已经成为新的城市轮廓线的不和谐因素。

北京城的高度，是指城区内空间制高点的高度，包括建筑物、构筑物和山体等。近几十年来，北京城的高度呈现不断增高的趋势，对北京城市空间形态的影响愈发明显。朱文一教授对北京城的建筑高度进行了深入研究，据资料判断，北京城现存最早的第一高度是 57.8 米的天宁寺塔，建于辽大康九年（1083 年）。此时期北京城的高度除受建筑技术制约外，还受宗教信仰、地形地势、城市生活、防御功能和封建礼制等因素影响。清顺治八年（1651 年），北京城的第一高度让位于琼华岛顶通高 68.2 米的永安寺白塔，打破了天宁寺塔保持约 568 年的纪录。1954 年，北京城的第一高度被顶端为红五星距地面 87.5 米的北京展览馆①所取代，打破永安寺白塔保持约 303 年的纪录。1959 年，北京城的第一高度又被顶端为八一军徽，距地面 94.47 米的中国人民革命军事博物馆取代，这一纪录保持了约 26 年。改革开放为北京城高度变化注入了强劲动力。1985 年，北京城的第一高度被 101 米高的国际大厦取代，为北京第一座高标准、现代化办公商住楼，其建成也标志着北京城的高度突破 100 米大关，城市建设从此进入超高层时代。1989 年，北京城的第一高度被 155 米的中国国贸中心一期写字楼取代，打破了国际大厦保持约 4 年的纪录，而这一纪录却仅仅保持了约 1 年，随即让位于 1990 年建成的 208 米的京广大厦。1992 年，中央广播电视塔 242 米的流云厅，创造了北京人可使用的新高度。这一高度，2008 年再次被 249.9 米的银泰中心所超越，但是，不久就将被即将完工的 330 米的国贸三期所取代。

城市建筑的高度影响着人们对文化空间的认知和体验，而城市建筑高度的变化不断为人们提供新的观察视角。北京城的高度历来强调以故宫、皇城为中心，分层次控制。1999 年北京市区控制性详细规划提出的具体办法为“站在故宫太和殿前的平台向东西方向观测，有一条由视点向外呈 1.03 度仰角斜线，建筑控制此仰角线以下”。但缺少城墙的北京旧城，等于缺少了控制其高度的重要参照物。故宫、皇城确定的是旧城内的高度秩序，城墙才是确定和区分旧城内外两套

① 当时名为北京苏联展览馆。

秩序的参照物。但原来作为城墙的地方，现已成为北京城市的主要街道，不但不具有维护旧城氛围的保护作用，反而成为一些建筑争奇斗艳的舞台。当年吴晗先生与梁思成教授在探讨要不要拆除北京城门、牌坊时，说道："您是老保守，将来北京城到处建起高楼大厦，您这些牌坊、城门在包围下岂不都成了鸡笼、鸟舍，有什么文物鉴赏价值可言。""可悲的是，今天我们已经为当初的决定感到后悔，但已无法弥补由此带来的后果"[①]。如今在北京，"每个月都有一个街区的住宅被30层的高楼代替"。截至目前，古都北京有28座超过150米的建筑，"可以发现，在进京道路和城市主要道路上，过去人们感受的是视线前方风格统一的城楼，现在最引人瞩目的是街道两旁形式各异的超高建筑，这28个建筑代表着北京城的高度"[②]。

随着人们文化景观价值观念的成熟，不少国家和城市已经不再依靠建筑的高度来体现城市文明。但是，在我国各大城市中，却正在进行着一场超高层建筑建设竞赛，各式各样的"第一"此起彼伏。2008年9月，南京绿地广场"紫峰大厦"顺利封顶，以450米的高度一跃成为"江苏第一高楼"。2008年10月，投资80亿元的重庆"嘉陵帆影·国际经贸中心"破土，设计塔楼高度超过455米，将成为"西部第一高楼"。2008年11月，上海中心大厦破土动工，将以632米的高度超过508米的台北101大楼，成为新的"中国第一高楼"[③]。"世界上80%的起重机会聚到了亚洲，而它们中的80%又会聚到了中国"。"目前，上海已经拥有4000座摩天大楼，几乎是纽约摩天大楼的两倍，但是他们计划，到2015年之前，再建1000多座摩天大楼"[④]。然而，

① 李先军：《中国城市，在国际化中寻找自我》，载《中国文化报》，2008-12-02（8）。
② 朱文一，马瑞：《北京城的高度》，载《建筑创作》，2008（11）。
③ 董阳：《中国城市为何争相"长高"》，载《人民日报》，2009-03-26（11）。
④ 张由存：《中国城市大跃进》，载《中国财富》，2009（1），19页。

与超高层建筑相伴相生的，是可能存在的安全隐患，接连发生在一些城市的高层建筑火灾事故和倒塌事故，已经给人们敲响了警钟，也使得超高层建筑的合理性和实用性备受质疑。“经历了30年改革开放的中国，伴随着经济实力的迅速提升，城市的荣耀感也在迅速‘膨胀’，各地不约而同地选择了摩天大楼这种形式来彰显实力。专家表示，这是最浅显的‘对于现代化的想象’，此起彼伏的高楼热，暗合了中国现今发展阶段特定的社会心理”[①]。实际上，城市的本质是生活和工作的舞台，建筑只是物质载体，一座城市的品质不在于建筑的高度，而在于是否宜居。

深圳市文化遗产丰富多彩。根据深圳市前后两次大规模文物普查的统计数据表明，已知的地上、地下文物共有1792处，其中古遗址、古墓葬等107处，各类古建筑1685处。特别是深圳市拥有大量具有地方特色的传统建筑，例如龙岗的客家围屋多达300处以上，建筑面积逾5000平方米。同时，深圳市现存550余座清代、民国时期的碉楼，其中观澜的碉楼达114座，是这一地区规模最大、保存最完好的古碉楼群。然而，近年来，深圳市文化遗产保护状况不容乐观。1979年以前，深圳市拥有历史建筑20多万间，随着大规模的城市建设，目前仅存约8万间。例如龙岗区有一座建于20世纪20年代的私塾建筑——兰著学校，是深圳市保存的最早使用钢筋混凝土结构的建筑。该建筑由作为主体的西式两层小洋楼以及形似碉堡的五层楼两部分组成，既涵盖了古希腊、古罗马、巴洛克等西方建筑风格，又凸显出我国建筑的本土风格。2004年，由于城市改造，兰著学校被列入拆除对象，经过有关政府部门决定，撤销了兰著学校区级文物保护单位的称号，并于2007年将其夷为平地。位于宝安区新安街

① 董阳：《中国城市为何争相“长高”》，载《人民日报》，2009-03-26（11）。

道的上合社区，被列为深圳市市级重点文物保护单位的“云野书室”，也因旧村改造在2007年被拆除，并成为深圳市未经政府部门批准而私自拆除文物保护单位的典型案例。[①]人们常常在重新认识到文化遗产价值的时候，才发现它们中间的相当部分已经毁之殆尽，再耗费巨资进行抢救，然而难以真正实现文化景观的再现。

近代以来，重庆工业有过三次大发展，第一次是开埠时期，自1891年森昌泰自来火厂作为重庆第一家近代工业成立，至1933年，重庆已有近代工业及手工业工厂415家，工人近万名，是当时我国西部最早的工业城市。第二次是抗战时期，这时的重庆不仅在政治上是大后方，在经济上也发挥了重要支柱作用。抗战8年，迁到重庆的工厂有200多家。至1944年6月，重庆登记的国营、民营各类工厂共计1228家，使重庆成为当时全国的工业中心。第三次是新中国成立后，重庆成为我国重工业、国防工业基地。兵器、船舶、电子、航天以及核工业等设施云集重庆。“三线建设”是继抗日战争时期沿海工业大内迁后的又一次大迁建，对增强重庆工业经济实力起到了促进作用，使重庆工业固定资产一跃而居为当时全国第5位。这得益于以上三次大发展，重庆工业实力雄厚，留存下了许多重要的工业遗产。这些在特定时期兴建的机械、车间、磨坊、工厂、仓库等工业遗产见证了重庆乃至整个西南地区工业化和城市化的进程，是城市的宝贵记忆，也是重庆独特的文化元素。重庆市社科院专家撰文称：“但是遗憾的是，这些工业遗产已经或者即将消失。”如重庆通用机器厂、重棉三厂、重庆第三钢铁厂以及化龙桥抗战工业园区都已不复存在。重庆綦江县松藻矿区的3辆“上游”型蒸汽机

① 刘熹，李音：《深圳一些古建筑在城市扩张中岌岌可危》，载《中国文化报》，2009-07-24（9，12）。

车下岗后，也被当做废铁以40万元卖给了物质回收公司。[①]

当前，城市建设密度越来越大，建筑在向高层发展的同时，还要充分利用地下空间。在近年来高强度的城市开发中，大量建设工程不断触及地下文化遗存，所造成的考古遗址本体的破坏是最为彻底的破坏形式。一条条交通干线的兴建、一片片城市区域的拓展、一批批高层建筑的开工，使珍贵的考古遗址不断被蚕食、肢解甚至灭失。在洛阳，现在的城市建成区面积较之20世纪50年代扩大了10余倍。隋唐洛阳城遗址南半部22平方公里的里坊区，被现代建筑物覆盖的范围也已从1995年的14%左右急剧发展到2006年的近50%。北京市文物研究所宋大川所长认为，这些年，虽然北京市政府投入巨额资金，在修缮、保护地上文物方面的力度前所未有。但是，由于很多人并不真正了解地下文物的价值，对地下文物的保护不尽如人意。“20世纪七八十年代，北京市的基本建设项目无论在数量上还是规模上都无法与现在相比。尽管当时的《文物保护法》尚不完善，但建设单位和施工单位，每年通知市文物部门进行发掘清理的零散文物有二三百起；但近10年，每年不过二三十起。有些建设单位、施工单位，为了避免因考古发掘影响工期，往往发现地下文物后匿而不报或私自破坏”。此外，机械化施工作业和夜间施工，也给地下文物造成了难以弥补的损失。

城市化快速发展，使城市建设掀起史无前例的高潮，城市开发陷入盲目追求经济利益的误区。20世纪90年代中后期，“城市经营”的概念在我国某些城市被率先提出，并在政府部门和学术界引起探讨热潮。从现实来看，由于城市经营多属于资金导向性，具有强烈的“逐利性”，更多地注重通过各种手段获取经济利益这一浅层目标，而忽视城市社会、经济、文化和生态环境协调发展这一城市发

① 郑和顺：《重庆工业遗产能否不留遗憾》，载《中国文化报》，2009-07-21（5）。

展的最终目标。同时，在经营手段和理念上存在着相当严重的趋同性，各种急功近利的经营活动破坏了城市的历史文脉以及协调的自然、文化景观，导致城市特色和个性的缺失。在一些地方决策者看来，所谓建设，就是要大兴土木，他们把高层、超高层建筑看成是城市建设“成功的标志”，是城市经济“繁荣的表达”，他们更愿意做立竿见影、热火朝天的工作，而不愿意把更多的精力放在基础工作上。“现在，许多城市为了提高城市品位，让城市更加宜居，越来越重视生态建设。湖泊水网、亲水走廊、创意雕塑、大型广场、江滩夜景等遍地开花。然而，在建设的过程中，一些地方‘为建而建’，造成了自然景观不‘自然’，‘亲民工程’不亲民，‘环境整治’破坏环境，对市民缺乏亲近感、亲和力，不仅审美效果大打折扣，也背离了城市建设的初衷”[①]。

当前，我国正处在一个特殊的历史发展时期，城市建设面临快速城市化和全球化的双重压力，矛盾冲突千头万绪。在城市郊区，由于城市向外蔓延和工业的郊区化，原有的农田景观向城市景观、工业景观、交通景观等转化，土地利用由农业用地变为城镇用地和工商业用地。长期以来，持续不断的填湖造田、开山采石、取土烧砖、筑路建房等人类活动，使生态环境面临巨大压力，造成文化景观自然面貌的明显异化；长期以来，对森林的超量开采，使植被面积锐减，导致山体滑坡现象明显，造成文化景观环境空间的严重损害；长期以来，方兴未艾的水利开发建设，对天然河道的人工干预，使地下水位不断下降、地表溪流逐渐干涸，造成文化景观生态水系的持续恶化。例如20世纪60年代，杭州西湖附近常住人口只有三千余人，但是，80年代以来西湖核心地区作为城市的行政中心和经济中心，

① 晓牧：《城市景观应贴近人的生活》，载《光明日报》，2008-04-10（4）。

工厂、企业、事业单位蓬勃发展，到了不得不对西湖环境进行综合治理的时候，常住人口已经达到5万余人，增加了十几倍，而建筑总量则增加了几十倍。虽然，杭州市政府曾经多次大力整顿这一地区的违法建筑，搬迁大大小小的单位，并逐步疏散居民，努力恢复景区旧观，但“即便在管理最严格的时期，蚕食鲸吞、中心开花等侵占风景资源的现象也没有根本停止过”，使西湖以和谐、端庄、秀丽为特征的美学内涵受到削弱和伤害，这一状况直到近年才有所改变。

长期以来，杭州西湖一侧的高层建筑破坏了“三面云山一面城”的城市格局和西湖文化景观，对此人们一直予以密切关注。近年来，杭州城市总体规划确定了“从西湖时代迈向钱塘江时代”的发展目标，使西湖文化景观遗产保护出现转机。2007年1月，有“西湖第一高楼”之称的原浙江大学72米的教学主楼成功爆破。当时很多人认为，炸掉高楼的目的是促进西湖景观的恢复。但是，针对这一紧靠西湖，有着“地王”之称的地块，2007年10月出台的概念性规划提出，将在此建设总规模约为27.6万平方米的建筑群，包括综合性商场、酒店、写字楼等，其中酒店建筑最高处达85米。一时间舆论哗然。不少市民认为历史性城市建筑限高早已是国际社会的共识，西湖周边更应该限高，西湖属于全体杭州市民，任何人没有权利破坏。而推出这一概念性规划的是美国KPE建筑师事务所，他们称经过分析85米高楼不会破坏西湖周边景致，高楼的重要卖点就是‘利用高层看湖景’。而有关专家则认为：“杭州西湖周边建筑的尺度和状态，应该由西湖山水的文化属性和特质来决定。而这种属性和特质决定了在西湖边建高楼肯定是不适宜的。”在过去的几十年中，杭州西湖周边建筑的“限高”始终是一个“重大话题”，但是原有的标准屡屡被突破，时至今日，西湖边的建筑及天际线多次遭到国内外专家的批评和质疑。[①]

当前，正在全国范围内迅速展开的新农村建设，为我国农村地区带来前所未有的巨变。这场深刻的历史变革，也对乡村类文化景观遗产保护提出了紧迫的要求。特别是一些地方错误地把“新农村建设”理解为“新村建设”运动，存在简单的城市化倾向，求新求洋，没有考虑民族文化的传承问题，造成乡村、民族、地域特色的丧失，大批乡土建筑的安全正在面临着极大的威胁，“万村一面”的情况已在不少地方成为现实，如不及时加以引导，分散在广大农村地区的各具特色的乡土建筑，将随时面临着被拆、迁、整、改、并等种种危险，其遭受破坏、走向消亡的速度正在逐渐加快。为了实现“村容整洁”，一些地方不惜资金，建起了现代化的农村集居点、村级公共服务中心以及农民广场，确实使村容得到改观，但是农业生产、农民收入、农民的生活水平并没有得到明显改观。相反，一些经济薄弱的乡村还因此背上了很多债务。如何正确处理新农村建设与乡土建筑保护的关系，使乡土建筑的文化内涵、建筑特色、历史风貌得以有效保全，是事关文化遗产保护和新农村建设全局的重大问题。同时，乡村类文化景观保护在我国兴起较晚，有关的法规制度建设相对滞后，已有的文化遗产保护法规不能适应乡村类文化景观保护的需要。

村庄规划是新农村建设的蓝图，一些承担规划设计任务的规划编制单位往往对城市规划很熟悉，但是，对乡村的社会、经济、文化特征却知之甚少，由此导致了一些适用于城市规划的方法被简单嫁接到乡村，形成了“行列式建筑布局、大草坪改造环境、外环路

① 方益波：《西湖边要建高楼惹争议》，载《北京晚报》，2007-10-27（7）。

组织交通”等破坏乡村原生态特征的规划方案，损害了乡村原有的与自然有机融合的空间形态、道路格局、建筑风貌，使得乡村大量呈现城市化特征。还有一些规划设计单位，将几张模式化的图纸广泛应用于农村建设，改变了充满历史记忆和民俗风情的文化面貌，将独具特色的乡土建筑，改变成雷同相似的现代建筑，用简单化破坏了多样性，把已经造成城市无可挽回的“建设性破坏”蔓延到了乡村。清华大学陈志华教授就曾经谈到他四次访问浙江省建德市新叶村的见闻，20 年前第一次去时，古村镇保存得相当完好，有非常漂亮的文峰塔、文昌阁；4 年前第二次去时，古村镇已经面目全非，60 幢老房拆掉了 29 幢；去年油菜花开时他第三次去时，看到了一些 3–4 层的小洋楼，虽然小洋楼很漂亮，但却和整个村子的环境格格不入；今年第四次再去时，看到新规划的设计图纸，吓了一大跳，欧美的城市式绿地将取代乡土环境，仅存的传统风貌将荡然无存。

贵州镇远县青龙洞（2008 年 2 月 26 日）

在这一背景下，乡村类文化景观也出现了城市化的现象，在城市规划建设中喧嚣一时的“城市化妆运动”向农村地区大举进军。不少历史文化村镇将一般城市规划中的分区规划、园林规划、城市设计的理念套用过来，通过规划建设复制城市文化景观，将大量雄伟气派的房地产开发项目移植到历史文化村镇之中，导致乡村类文化景观日趋单调，空间关系缺乏相互联系，形成规则化、庸俗化、同质化倾向。随着城市化现象进一步蔓延，与世界许多地方一样的、由钢筋混凝土立面和铁皮屋顶构成的、按照城市风格建造的村落和民居，必将迅速改变我国成千上万的美丽乡村，使它们变得单调、浅薄和粗俗。例如一座有着五六百年历史的民族村寨，靠山面水，依山而建，村寨中一条石板路自然曲折延伸到尽端，数条纵向小道与之相连，整个村寨曲径通幽，充满情趣。但是被列为新农村建设的示范村后，拟规划建设纵横交差的“十字街”，将原本完整的村寨人为割裂成四个部分，还要拆掉数十户传统民居。如果这一规划实施，村寨的历史文脉将被肢解和割裂。这种脱离实际、劳民伤财的做法，是对新农村建设的误导。不少地方在新农村建设中推倒传统民居，造起别墅式住宅，结果是客厅变成了储存粮食、放置农具和杂物的仓库，门口搭起了鸡窝、猪圈和牛棚。

贵州东南的雷山县西江，是世界上规模最大的苗寨，有着1780年历史，被誉为苗族文化的典型代表，2006年被列入中国申报世界文化遗产预备名录。村寨中1285户苗家的木质吊脚楼依山而建。至今西江仍然传承着苗王“牯藏头”和寨老议事的古老制度和生活方式。2008年9月，贵州省每年一次规格最高、规模最大的旅游发展大会，在西江千户苗寨召开，四方宾客的目光聚焦在这个历史悠久的文化村寨。据报道，为了举办这次旅游发展大会，政府共投入3亿多元，完成了道路建设、主会场馆、苗族博物馆、精品街建设、民族古街改造、观景台、河滨道民族特色改造等20多个重点项目。西江苗寨的“牯藏头”唐守成站在自家的露台上，看着祖祖辈辈生活过的西江一天天变成另一个样子，十分痛心：“我们苗家的房子是老祖宗定下来的样子，全部用木头建成，很简洁朴素。新建的那些房子还用到砖瓦水泥，只有一个吊脚楼的外壳，花里胡哨，跟别墅一个样子。”他指着远方一个高层建筑说：“那边是个新修的观景台，只为了这一个项目，就有10多户人家搬到了别处。”他认为，政府给村民修路、通水、通电，村民非常欢迎，但在村民对本民族文化保护普遍意识不高的情况下，政府应对村民进行培训、指导，经济上给予扶持，而不该大兴土木，对有着千年历史的西江进行如此改造。①

近年来，一些江南水乡古镇旅游业异常兴旺，在古镇的主要街道上往往有数十家、上百家店铺，都是来自全国各地的外来者经营，共同出售着大同小异、缺乏特色的旅游纪念品。大量原住居民搬出古镇，大批外地人搬进古镇，但是来者往往只以赚钱为目的，对水乡古镇仅仅是利用关系，他们对当地文化既不了解也不珍惜，一味以商业文化置换水乡古镇的传统文化。为了迎合短期旅游市场的需要，一些地方将水乡古镇周边的环境整饬一新，使其完全丧失了“相互依存的自然景观和环境”，有的甚至希望水乡古镇发生日新月异的变化，由此也出现了不少伪劣的“假古董”、“假遗产”。有领导说旅游景点都有牌坊，于是水乡古镇各入口处就多了一组组大牌坊；有领导说现在城市都有广场，于是水乡古镇里就多了一处处石材铺装的大广场；有领导说公园的河道都有栏杆，于是水乡古镇的

① 周芙蓉，施雨岑：《3亿多元改造世界最大苗寨，是保护还是破坏？》，载《中国民族报》，2008-10-14（2）。

河道两侧就多了一排排雕花石栏杆。一次次“大手笔”改造，使水乡古镇逐渐失去了原有恬静古朴的文化魅力。一些水乡古镇周边建设的大规模仿古商业街区，更是削弱了乡村类文化景观的整体美，改变了水乡古镇与山、水、林、田、路等背景环境之间浑然天成的空间尺度。

“靠山吃山、靠水吃水”，过度的城市化、人工化、商业化发展，大大降低了一些山水类文化景观的美学价值，当人们慕名而来时，却仿佛置身于一个嘈杂的集市，古装照相、电脑刻字、食品售卖的摊商，占据着观赏文化景观最好的位置，使人们对亿万年形成的大自然鬼斧神工不能心平气和地欣赏。一些环境优美的自然风景区，如今挤进来不少单位、住进来不少人。例如黄山现在已经成为一个拥有大量宾馆、饭店、职工宿舍、观光索道、宽马路、购物街等设施的旅游景区。大量的接待设施建设，更造成了游客在景区内大量滞留。比较20年前制订的黄山景区总体规划，如今旅游床位和服务人员各增加了70%和400%；高档宾馆的标准间数和总建筑面积更是分别增加了13倍和7倍[①]。在我国的泰山、黄山、峨眉山、武陵源等山水类文化景观中，都修建了不止一条观光索道，对生态环境、地表植被造成破坏，对文化景观审美也造成严重污染。泰山的一个索道站占地达19000平方米，永久性地破坏了地表植被，造成游人的过度集中。云南石林申报世界自然遗产失败后，联合国教科文组织世界遗产中心的官员委婉地表达了他的看法：“你们的石林从地质年代、形态、种类、规模和特征上还是有独到之处的。如果你们能找到一两处没有任何人工干预痕迹的原始状态的石林，还是可以申报为世界遗产的。”

①张波：《当“申遗”只给中国留下一个出口》，载《城乡建设》，2005（8），6页。

三、来自社会变迁方面的压力

当前，文化趋同现象的加剧，一方面使得跨国度、跨地区的交流更加频繁和顺畅，但是同时也使文化的多元性、异质性、复杂性减少，并引起了不少国家、民族和地方对“身份危机”、“文化安全”方面的警惕，人们普遍担心将来会生活在一个具有单一文化背景的世界。美国学者 T.L. 弗里德曼（T.L.Friedman）在《全球化中的本土文化——文化革命即将开始》中指出，随着世界平坦化的进程迅速加快，很多人也产生了相当的忧虑，担心“全球化即美国化”。“这样的担心并不是没有道理，因为全球各地充斥着美国制造商和服务提供商、美国的品牌和美国的电影制作人、美国的歌星和美国的演员、美国的服装设计师和美国的快餐连锁店，它们不可避免地会利用平坦的世界推销美国文化。不管当地独特的服装、语言、食物或音乐多么顽强地固守自己的风格，最后人们还是会担心，自己的文化传统可能会被轻易地侵蚀。全球化长了一张美国面孔，有着一副美国神情，充满了美国味道”。“世界上的很多人声称，除非我们认真采取措施加强保护本土文化和自然环境，否则美国式的全球化将在未来数十年内消灭全世界花费数百亿年才进化形成的文化、生态和动物的多样性。”“许多批评者认为全球化只是资本主义、国际品牌、快餐和消费者价值的扩张，他们将排挤温暖、安逸、地区繁荣、本土产业和本土文化”。

当代社会是一个科学技术突飞猛进的社会，技术的每一次进步均快速地对人类社会文化产生重大影响。民族地区社会文化变迁的根本动力也来源于科学进步与技术支持，动力机械、化学肥料的广泛使用与推广带来了生产力的逐步提高，根本性地改变了粗放式的农耕传统，改变了大地农田景观，大大提高了作物的单产和总产，为现代农村经济体系的建立奠定了基础。同时，农耕传统的改造与农副产品的销售,又进一步推动了民族地区工业化和商品化的进程，改变了人们的意识形态,也改变了民族村寨的文化景观和生态环境。传统的民族村寨景观，是各族人民在自给自足的生产消费模式下形成的生产生活方式的一种表现，在当时的情况下，是一种最有利于人类生存和发展的形态，也是人类与自然和谐相处的文化景观，千百年来很少发生剧烈变化。但是由于经济高速发展，大量外来事物涌入民族村寨，使得民族村寨景观出现了急剧变化，其中也出现了一些盲目开发和急功近利的情况，损害了民族地区的文化景观和生态环境，在生活水平不断得到提高的同时，一些民族地区的文化特色也正在消逝，民族村寨面貌迅速走向趋同，文化认同感与归属感逐渐弱化，使乡村类文化景观和民俗类文化景观面临前所未有的冲击。

文化传播对于人类社会文化变迁的重要意义早已为人们所认识,当代民族地区社会文化变迁的主要动力之一也来源于文化传播，其影响是多层面的。在物质层面上，农作物新品种及其栽培技术的传入，对民族地区山地农业的改造发挥过举足轻重的作用；现代交通工具的引入，根本性地改变了民族地区传统的出行方式；现代通讯工具在民族地区的普及，加强了民众与外界的联系等。与此同时，一方面通过招工、升学、参军、婚嫁等方式进入城市中的民族地区民众越来越多，特别是近年来，民族村寨外出打工的人口急剧增多，逐渐形成空心村现象；另一方面大量走出山区的民族地区民众，通过返乡、探亲等各种方式将城市和经济发达地区的文化带入民族地区，也改变着家乡的传统生活方式和观念，由物质与非物质形态构成的文化遗产传承面临前所未有的困难。总之，在科学技术日新月异、文化互动愈加频繁的当代，民族地区社会文化变迁受到异质文化传播影响的深度和广度，是历史上任何时代都无法比拟的。随着我国城市化进程的进一步加快，民族村寨景观必然发生更大的变化，一些新的景观要素伴随着旧的景观要素的消失而出现，新的景观格局取代原有的景观格局，文化景观功能也将随之发生变化。面对这一发展趋势，既不能阻挡，也不能回避，而必须以文化的眼光和前瞻性的思考加以回应，使民族地区的生态环境和特有的文化景观遗产得到积极保护和可持续利用。

近年来，菲律宾的伊富高梯田文化景观遗产的保护面临着前所未有的挑战。首先，由于年轻人不愿意继续从事农业劳动，使得当地 25% ~ 30% 的梯田荒废，留在当地的一些村民为了赚钱糊口，也将许多梯田改种蔬菜、花果等经济类作物，并施以化肥及杀虫剂，严重破坏了当地的文化传统和风貌。其次，为了振兴地区经济，当地政府大力开发旅游，大兴土木修建旅游设施，一些居民甚至砍伐树木从事木雕手工业，使得自然生态环境受到影响，水土流失相当严重，不少山顶原始森林面积退化。第三，为了寻找食物，巨型蚯蚓在水稻田里到处打洞，使梯田正在面临一场严重的“蚯蚓危机”，部分梯田开始漏水，不但水稻生长受到影响，原本牢固的梯田结构也遭到破坏。为此，世界遗产委员会于 2001 年 12 月做出决定，将伊富高梯田列入濒危世界遗产名单。但是，在该处文化景观遗产的保护认识上始终存在着不同观点的激烈交锋。当地人普遍认为，保护梯田不是为了保护其世界遗产的头衔，而是为了保护传统文化。“如果世界遗产委员会为了保护原始景观而让伊富高人的生活方式都回到过去，我们不会答应。我们不能像博物馆陈列古董似的陈列我们原始的生活方式。我们需要与现代社会同步，我们也需要发展。目前，原始农业生产已无法满足伊富高人的物质需求，因此，我们不得不寻求其他的出路而忽视甚至放弃梯田”[①]。

在乡村类文化景观保护方面，应该看到，农村社区传统文化是从农业生产、农村生活之中，从人与自然亲密接触之中形成的，是当地民众世世代代积淀与传承下来的。因此，乡村类文化景观最有泥土芬芳、最富亲情。但是，这一特有的文化价值却长期被忽视。同样令人担忧的是，我国农业村落近些年来数量锐减。据中国社会科学院社会学研究所所长李培林提供的调查数字，从 1985 年到 2001 年，在不到 20 年的时间里，我国农业村落的个数，从 940617 个锐减到 709257 个。仅 2001 年，我国那些延续了数千年的农业村落就减少了 25458 个，平均每天减少约 70 个。为此他撰写了《村落的终结》一书探寻其规律[②]。随着我国经济社会快速发展，商品经济的渗透，长期处于封闭状态的民族地区人们的观念不断发生变化，对当地所处的环境和文化存在着一种自卑的心理，对自己的家园和文化感情淡漠，认为家乡经济发展水平落后，物质生活基础薄弱，教育卫生条件滞后，文化娱乐内容单调，总之，一切都不如城市，越来越多的民众向往城市生活，不断走出家门离开村庄，涌入城市打工就业，强烈希望改变生存环境和改善生活条件。在这样的农村社区中，保护乡村类文化景观和民俗类文化景观，必然还要同时担负起消除贫困的任务。

如今，历史文化村镇和乡土建筑被拆毁的原因，往往是被认为“破破烂烂”，不够漂亮。“在福建一个市，甚至提出市域内‘公

① 王传军，徐静：《伊富高梯田警世录》，载《光明日报》，2006-06-27（12）。
② 苏东海：《新农村·农村文化·生态博物馆》，载《中国文物报》，2006-11-17（5）。

路两边看不见旧房’，只要是旧房子，不管它的历史价值如何，不问青红皂白，统统拆掉”。近年来，不少历史文化村镇遭到人为破坏。一些地方没有充分认识到乡土建筑的整体文化价值，致使不少传统民居被拆除，文化景观遗产被破坏；一些地方盲目模仿大中城市的风格，不顾历史文化村镇的空间格局、建筑尺度，简单生硬地建广场、筑高楼、修宽路，严重破坏了千百年来形成的传统格局和历史环境；一些地方在村镇发展中埋河修路，填湖建房，失去了历史文化村镇的宝贵特色；一些地方片面追求经济效益，将文化遗产保护与旅游开发本末倒置，对文物建筑进行不恰当的重新包装，使历史信息荡然无存；一些地方修建仿古建筑、仿古一条街，虽然短期内带来一些经济效益，但是却与文化遗产保护的真实性原则相违背，没有长久的生命力；一些地方大量迁出历史文化村镇内的居民，将传统民居改为旅游服务和娱乐设施，导致历史文化村镇失去了传统的生活方式和习俗，也就失去了“生活真实性”；一些地方无视文化遗产脆弱性的特点，不加限制地接待大量游客，超出历史文化村镇所能承担的旅游容量，对文化遗产和文化景观带来严重损害。

屏山村坐落于有着“中国画里乡村”之称的安徽皖南黟县。2000 年，屏山村村委会通过村民代表大会决定，将该村的旅游开发经营权转让给黄山市屏山旅游开发公司，双方签订了期限为 50 年的古民居保护和旅游开发合同。2008 年 1 月，屏山村再次召开村民代表大会，要求解除旅游开发合同。50 年的合同在短短的 8 年内就被终止，主要原因是该公司未能履行合同中的有关约定。当年，屏山村村委会和村民们带着旅游开发和历史村落保护的双重期望，转让该村旅游经营权，但是在双方履行合同期间，村民们并未得到应有的收益，传统民居和文物建筑也没有得到全面修缮，同时，历史村落的旅游管理混乱，卫生状况很差。专家认为，一些企业参与经营历史村落旅游开发，考虑的不是如何培育市场、保护传统民居，而是急于短期获利，甚至是为了先期占有乡村旅游资源，少投资或不投资便获利[①]。近些年，一些地方政府不惜投入巨资，帮助历史村落开发旅游资源，修建旅游道路，并对村落进行整体规划，将其开发成为集旅游、购物、餐饮、住宿、娱乐为一体的知名旅游景点。遗憾的是，当地政府的过度干预性开发，影响了历史村落民众的生存环境和生产发展，也导致历史村落文化景观的破坏，伤害了传统文化的存在基础。

城市化和工业化步伐的加快，使民族村寨与外界的交流不断扩大，现代生活方式以及外来文化的涌入，都对传统风貌造成强烈冲击。由于以往缺乏整体规划，民族村寨中开始出现砖混建筑物和镶砌白瓷砖的房屋装修，在一定程度上破坏了民族村寨的整体风貌，与浑然一体的乡村类文化景观极不协调。村镇建设要适应农民的生活方式。农户是独立的生产主体和生活单元，饮食、起居、交往、娱乐与人居环境密不可分。如今有的地方，拆了一家一户的农舍，建起了成片的多层楼房。农民堆柴、晒粮、种菜、养鸡极为不便，吃水、烧柴、喝奶都要花钱，牺牲了生活便利，增加了生活成本，背离了新农村建设的初衷。20 世纪 80 年代末，四川桃坪羌寨的一些村民在富裕起来以后，开始嫌弃世代居住的碉房，模仿内地建筑样式修建起了“小洋楼”。那些没有经济条件修建新房，而仍旧住在碉房里的人们也对他们很是羡慕。不过情况很快发生了转机。20 世纪 90 年代中期，来自国内外的游客进入民族村寨后，只对碉楼和碉房感兴趣，有些游客还要求在碉房住宿，感受羌族民居生活。于是，住

① 王立武，王雪：《安徽收回历史文化名村屏山村旅游经营权》，载《中国文化报》，2009-04-24（4）。

传统碉房的民众经济收入得到提高。相反“小洋楼”受到游客的冷落，几乎无人问津。不少参观者提出“小洋楼”与当地自然地理环境和文化景观极不和谐，建议重新回归民族建筑形式，如今桃坪羌寨又逐渐恢复了原有的传统建筑风格。

20 世纪 80 年代，随着生活水平的提高，购买银饰成为苗族民众生活中的大事，贵州省雷山县控拜村苗族银饰发展迅速，控拜村的银匠成为村寨中最忙碌的人。控拜村苗族银饰制作也随着时代的发展经历了不同的阶段。80 年代初，许多买家坐在控拜村的银匠家里等着拿走定制的银饰，银匠们不得不雇用外来劳动力耕种责任田。家家户户打银饰的叮叮当当声可以传到几里地以外，控拜村成为远近闻名的银匠村。80 年代后期，控拜村苗族银饰文化发生了改变。见多识广的控拜村银匠引进了以锌白铜片替代纯银的仿银打造技术。仿银饰品低廉的造价很快赢得了市场，一般苗族民众成为这种锌白铜片镀银——苗银的消费主体，苗银打制成为控拜村银匠的专利，年轻一代的银匠都主要从事锌白铜打制，没有打制纯银制品的经验。而技艺精湛、价格昂贵、做工精美的纯银苗饰逐渐成为收藏品和家境富裕苗族人家的奢侈品，市场需求量小。进入 90 年代，随着贵州旅游业的兴起，控拜村银匠开始打制旅游银饰，同时也承受到外来文化的巨大冲击，银饰图样跟随城市消费者的偏好，逐渐脱离了控拜银饰的苗族文化传统。部分技艺最精湛的银匠开始打制极具收藏价值的银饰工艺品，例如用银片打制的“清明上河图”，与真图尺寸相同，耗时近 1 年，堪称现代控拜银饰最杰出的代表作。

近年来，控拜村村民，特别是年轻人较多地受到城市生活方式的影响，约 2/3 的控拜村村民举家离开村寨，落脚在全国各地，其中不少人仍然依靠银饰锻造技艺谋生，形成了雷公山地区仅有的苗族空心村。在城市出生和成长的控拜村民的下一代，没有机会体验鲜活的控拜村村落文化集体记忆，失去了苗族文化土壤的滋润，控拜传统银饰代表的文化象征意义和精神世界没有了村落情感的依托，苗族文化延续的文化空间——芦笙场、对歌场、鼓藏场、田间地头，甚至家家户户的木楼上都缺少了年轻人的身影，控拜村村落文化失去了传承人。控拜村银饰锻造技艺逐渐蜕变为大众旅游商品的加工过程，银饰图样蕴涵的苗族文化象征意义，也正在被现代消费文化价值取向所代替，控拜村的文化集体记忆出现断裂的危险。“目前一些地区由于强调发展文化遗产旅游产业，常常选择少数具有代表性的村落，将其中易于展示的文化遗产迅速包装成旅游产品，按照旅游目的地要求建设基础设施和消费场所，最大限度吸引游客。专家们认为，这种做法忽视了村落文化景观演进的规律，使村落文化遗产的核心价值迅速消失在现代城市生活方式的冲击下，村民很难建立起自己的文化自信心和自豪感，并导致年轻一代文化认同感缺失，村落文化景观后继无人”[①]。目前，贵州省文物部门已经意识到了控拜村村落文化空间出现的问题，开始了抢救性的保护行动。

在美国，过去饱受白人文化欺凌、命运多舛的印第安文化，如今被越来越多的美国人视为卓有个性和特征的本土文化遗产。但是，由于历史的重大创伤和当今主流文化的不断冲击，印第安文化已经被不断地博物馆化和旅游市场化，并逐渐蜕变为一种与实际人生没有相依关系的“表演文化”。而“保留地”使印第安人既不能融入美国主流社会，也无法完全保留自身传统文化，这些”保留地“成为了美国主流社会的点缀。2007 年 12 月，一个名为拉可塔的印第安部落“揭竿而起”，宣称脱离美国，废除与美国签署的所有条约，

① 但文红：《银匠村怎样保护村落文化景观》，载《中国文化报》，2008-12-14（2）。

并已开始为建立自己的“国家”展开外交活动。该部落首领直言，“独立”的原因是“与美国签署的条约侵略我们的文化、掠夺我们的土地、消灭我们的风俗习惯”[①]。在世界各地申报世界遗产的热潮中，不少国家的自然遗产地也都驱逐了大量原住居民，已经完全没有了本土传统文化的资源，给环境和文化带来的恶性后果正在加剧。与众多世界遗产地只有自然景观而没有文化景观的状况相比，我国众多自然遗产地中少数民族民众依然传承着灿烂文化，体现出应有的中国特色，令人感到骄傲。应该看到，遗产地中这些具有原生特征的民族文化遗产，是中华文明宝库中一笔巨大的财富，不容忽视。

但是，我国不少遗产地，如今也将这些少数民族的独特风情仅仅视为旅游资源，对于区域内具有浓郁文化特色的原住居民，考虑更多的是将其融入到旅游活动中，是如何开发他们的经济价值，当地民众只是从事收入较低的服务性工作，大部分的收益由开发商、经营者获得，而忽略对原住居民及遗产地文化的保护和尊重。非物质文化遗产具有鲜明的大众色彩和强烈的地域特性，它们来源于民间，根植在民间，它们的发展与普通民众的生活息息相关，只有植根于普通民众之中，非物质文化遗产才能得以不断传承和发展，当地民众所传承千百年的传统文化，不应被埋没在轰轰烈烈的旅游开发中。当传统的节日习俗、民俗礼仪被打乱、肢解，当手工描绘被电脑自动合成所取代，当传统乐器表演变成中西乐器的“大杂烩”，当民间手工艺品沦为流水线上的粗糙复制品，地方戏曲和民族歌曲被声、光、电等进行重新包装，就必然在某种程度上背离传统民族风俗习惯，伤害和动摇传统民俗文化的根基，影响非物质文化遗产的生存与健康发展。专家认为，对非物质文化遗产抱残守缺不利于

① 张乐：《美国印第安人与政府“百年博弈”》，载《新京报》，2008-03-09（B08）。

传承和创新，但是过于“现代化”的创新和发展，急功近利地将其盲目推向市场，进行开发利用，也是对非物质文化遗产的摧残和破坏。

我国历史悠久、民族众多，所拥有的非物质文化遗产绚丽多彩。这些非物质文化遗产源自于中华文明，根植于民间，保护好它们对于民族精神的延续、传统文化的弘扬，具有重要作用。当前我国非物质文化遗产的生存、保护和发展遇到很多新的情况和问题，面临着严峻形势。一方面，由于文化生态的改变，正在使非物质文化遗产逐渐失去赖以生存和发展的环境基础，许多非物质文化遗产正处于生存困难或已处于消亡状态。特别是一些依靠口传心授的方式加以传承的文化遗产正在不断消失，许多传统技艺濒临消亡，大量有历史、文化价值的珍贵实物与资料遭到毁弃或流失境外。另一方面，一些地方保护意识淡薄，致使一些非物质文化遗产显现的某种文明价值，因不合理的利用而中断。甚至一些地方借继承创新之名随意篡改民俗艺术，损害了非物质文化遗产的真实性。同时，法律法规建设的步伐也不能与保护的紧迫性相适应，非物质文化遗产保护标准和目标管理以及收集、整理、调查、记录、建档、展示、利用、培训等各项工作相对薄弱，与保护相关的一系列基础性问题尚未得到系统性解决，例如保护非物质文化遗产，不仅要对遗产记录、收藏、保管、利用、研究，还需要保护传承形式和过程，这样，非物质文化遗产才可能得到完整的保护。

文化景观遗产的保护往往是一条能够实现既有益于民族村寨发展，又直接使社区民众感受到实际利益的途径。但是，一些民族村寨把相邻民族的文化元素聚合在一起，试图展示各民族的传统文化和生活习俗。这些项目主要功能是为旅游服务，理所当然是以赢利为目的，缺少民族传统文化的真实性，而掺杂其间的伪民俗却十分丰富。在一些所谓的“民族村”、“民族风情村”里，既违反民族建筑传统，又影响生态环境的大体量豪华客栈越来越多，不少旅游接待设施按照城市建设模式，装修滥用瓷砖、水泥等现代建筑材料，而逐渐失去地域特色和民族风格。在发展以旅游业为依托的文化产业过程中，缺少对本地文化与自然资源价值的准确认识，盲目开发甚至进行破坏性开发的行为突出。同时，对旅游从业人员更是缺少必要的历史文化知识和文化遗产保护理念，以及“负责任旅游”、“可持续旅游”方面的培训，不少导游在讲解中存在较大随意性，迎合参观者的喜好任意编造；原生态文化标签随意贴在来自各地的旅游商品上，鱼龙混杂，缺少本地特色；文字影像方面的旅游产品更是缺乏权威性，漏洞百出，严重影响民族村寨温馨平和的文化氛围，使民族传统文化受到严重伤害，物质和非物质文化遗产在不断地悄然消失。

近些年，面对历史文化村镇和民族村寨的保护，一些地方首先想到的就是旅游，似乎都把借助旅游谋求发展看做是唯一道路，目标直指旅游所带来的经济利益，却往往忽视当地民众生活的改善，对当地民众的日常生活场所和原有文化空间形成严重干扰，居民生活与旅游发展之间的矛盾日益明显。“为了收取门票，正常的走亲访友受到限制，甚至在外打工的村民回家也须家人到景区门口去‘认领’。有些地方为了降低管理难度，干脆将居民全部或者部分搬迁到新村居住，白天再让其回到古村镇工作，彻底将古村镇变成一个提供‘真实建筑，虚假生活’的主题公园”[①]。据报道，2008年3月，全国闻名的云南元阳哈尼梯田当地管理部门与云南世博集团共同组建“云南世博元阳哈尼梯田旅游开发公司”，对哈尼梯田的核心区域进行旅游开发，正式向游客征收门票，“每个景点30元，4个景

① 宋瑞：《保存古村镇的生活空间》，载《人民日报》（海外版），2008-05-14（6）。

点120元”。然而，在考虑收费的同时，未充分照顾到当地村民利益，在一份旅游开发协议中，世博集团给予每个村委会及每户村民的相关补助很低。此举引发很大争议。专家认为，在尚未进行完整保护规划的情况下，哈尼梯田的旅游开发有些“盲目”，“老百姓脱贫的意愿非常强烈，这就需要尽快建立科学的共建、共管、共享机制，让老百姓真正呵护自己的传统文化并从中受益。否则，急功近利地开发可能会给梯田文化带来毁灭性的伤害”[①]。

目前，一些依靠口头传授方式加以传承的非物质文化遗产正在不断消失，部分传统技艺濒临消亡，不少珍贵实物与资料难以收集、保存，保护管理缺乏严格的制度规范，收集、整理、调查、记录、建档、展示、利用、人员培养等环节还相当薄弱。近年来，许多地方将非物质文化遗产当做旅游资源开发，不少非物质文化遗产项目为了迎合市场而“变味”，陷入商业化误区。“目前，非物质文化遗产保护的通病是重申报、轻普查，重效益、轻保护。一些地方热衷于申报，其意不在保护，却在争取国家下拨的保护经费；有的为了申报非物质文化遗产名录，强行制造‘民俗’；还有的地方申遗是为发展当地旅游产业，把非物质文化遗产开发成一个个旅游项目，以民俗风情为卖点的旅游项目遍地开花，使许多民俗走了形、变了味”[②]。一些民族传统音乐、舞蹈，为满足和迎合参观者的需要，被改编成为舞台节目，或成为即兴表演项目，使历史艺术价值难以得到真正体现。在一些民族村寨，原本在节日或特定日子里才能看到的歌舞表演，现在每隔几个小时，甚至几十分钟，就会被复制表演，此时民族歌舞本身代表的精神意义已不再被关注，参与演出的人们更关

① 陈鹏：《别让短视行为毁了云南哈尼梯田》，载《中国文化报》，2009-04-07（2）。
② 王海鹰：《文化遗产保护要重视养“活鱼”》，载《人民政协报》，2008-06-16（B3）。

心的是每场的收入。

《中国文化报》载文认为，目前在非物质文化遗产保护中，存在着失衡化、拼盘化、失真化和贵族化倾向。“失衡化”是指一些地方在非物质文化遗产的产业化运作中，往往只是转化了经济潜力较大的一部分，而不具经济潜力或经济潜力较小的部分则被忽略，由此造成非物质文化遗产在保护与传承的过程中被割裂与分化。“拼盘化”是指一些地方为了发展经济，在交通相对便利、民族风情浓郁的地方开发旅游业，将时间、空间跨度极大的各种民俗歌舞、民间信仰等非物质文化遗产随意“拼盘”，供游客娱乐的现象，这种程式化的表演不仅难以表现民族文化的精髓，也使得一些优秀的非物质文化遗产被庸俗化和商业化。“失真化”是指一些地方在非物质文化遗产产业化运作中，过分强调经济至上，形成快餐式重构和复制，片面地追求数量和功能的效果，进行变相嫁接和所谓创新，使原生态的非物质文化遗产丧失真实性。“贵族化”是指一些地方将非物质文化遗产的保护，孤立于民众生活之外，而使之束之高阁，结果凡是跳得好、唱得好的民间艺人都进了城，成为品牌，成为“贵族消费品”，这些源自生活的艺术形式，最后与实际生活距离越来越远，脱离了民间性。同时，高票价展演也往往让普通观众望而却步，背离了非物质文化遗产大众化、平民化的特性。①

目前民俗类文化景观的展览设施和陈列布置，往往着力采用图版、说明、实物与观众进行交流，而不能从民俗类文化景观遗产所特有的宏阔文化背景、文化内涵和环境概念、时空概念等多方面加以展示，增加民俗类文化景观氛围的营造。对于非物质文化遗产，不少地方热衷于“挂牌”、“展演”，而不注重原生态环境的保护，

① 朱伟：《非遗产业运作的“四化”现象值得重视》，载《中国文化报》，2009-06-28（1）。

不注重传承人的保护与传授，造成民俗类文化景观遗产保护不能取得长期的、稳固的效果。与此同时，在民俗类文化景观保护的过程中，还始终存在着民族民间可移动文物和手工艺品流失的问题。一些国家和机构通过各种渠道大量采集、收购珍贵的民族民间文化遗产，甚至挨家串户抢购民族民间文物，连当地民众正在使用的生产生活用具也在劫难逃，进一步造成了民族地区文化资源的严重流失。另一方面，长期以来，民间艺人和民众手工制造的工艺品或生活用品，是为了满足家人或本地居民的需求，其中包含着使用功能、文化象征、精神寄托、场景装饰等综合意义。但是，随着旅游市场需求的增长，这些手工艺品变成了批量生产的产品，甚至在当地民众之间产生竞争，使成为产品的传统手工艺品逐渐失去了文化含义，质量也变得粗糙，违背了非物质文化遗产保护的初衷，远离了文化价值和身份认同的基点，也降低了当地传统文化的声誉。

在当今市场经济发展的过程中，在国际领域，一些宗教场所经济得到迅速增长的同时，也产生了一些消极的现象，给宗教正常发展带来了严峻的挑战和考验。首先，社会上有关利益集团的恣意开发迫使一些宗教场所成为商业活动的附庸，并承担着由此引起的社会责难和误解；其次，一些宗教场所被混同于世俗企业，极度追求商业利润，远离甚至抛弃宗教场所的神圣功能，引起宗教界内外有识之士的忧虑和诟病；特别是个别丧失了信仰追求的宗教人士、一些原本就没有信仰的假冒信徒，借宗教发财，骄横、喧嚣、腐化，侵蚀了宗教信仰肌体，危害了宗教的社会形象，也严重损害了宗教界的世界形象。在宗教发展过程中，宗教场所经济状况直接影响着的宗教兴衰，也改变着宗教的信仰形态与发展模式。宗教经济实力是宗教生存发展的物质基础，但是，不能成为宗教团体，特别是宗教场所追逐的目标和发展的中心，不能成为混同世俗的经济实体。宗教场所可以发展“非营利事业”，但是，不能淡化或者失去宗教信仰的神圣性与价值个性。当代宗教场所经济发展可以借鉴市场经济运行的规则与管理机制，但是，不能抛弃宗教优良的传统和情操。宗教界内部也必须运用法律，建立民主管理体制，完善内部管理机制，防范个人与团体的生活腐败、道德沦落、信仰缺失。对此，我国在宗教类文化景观的保护过程中也应予以关注。

遗址类文化景观具有规模宏大、遗存丰富等特点，同时也存在着遗址本体脆弱、对环境变化敏感等问题。鉴于上述特性，考古遗址本体及其背景环境所遭受的人为和自然因素的威胁和冲击，就远比其他类型的文化遗产更多，而且更不易控制，也难以从局部进行改善。因此，对于遗址类文化景观来说，除了对考古出土文物进行收藏和保管外，还要对考古遗址及其环境实施有效保护，其难度在某些方面远远超过对单体文物的保护。目前许多考古遗址都处在全部或部分被掩埋的状态，其中，一些夯土城墙已经坍塌，一些建筑构件散落各处，不少考古遗址都只有在重新发掘清理之后才能得以重见天日。同时，在考古遗址的保护管理方面，普遍存在重地面文物的保护，轻地下文物的保护；重地下遗址的考古发掘，轻文化遗存的考古调查；重特殊地段的保护，轻整体环境的保护；重遗址的开发利用，轻遗址的保护管理等现象。由于保护规划滞后及管理体制交错等原因，涉及遗址类文化景观遗产保护的人才、技术、设备、资金等得不到统筹安排和落实，很多具有重大历史价值的考古遗址仍然处于家底不清、状况不明、保护不力的状态。在城市化加速发展的新形势下，如何面对挑战和压力，积极探索遗址类文化景观遗产整体保护的方法和思路，已经成为必须面对的新课题。

遗址类文化景观的保护与利用，往往与其所在地的社会经济发展具有直接的、显著的利益关联，特别是考古遗址背景环境的保护，在文化景观遗产保护领域中，措施综合性最强、经费需求量最大，也是受我国社会发展和人口、资源、环境问题影响最大的文化景观遗产类别。近年来，随着各地经济的快速发展，城乡建设活动空前活跃，城镇建设用地迅速扩大，处于不同背景环境中的遗址类文化景观均遭到了不同程度的破坏，面临着不同程度的威胁。一些位于城市中心地区的考古遗址，在房地产开发的热潮中不断被蚕食；一些位于城乡结合部的考古遗址，由于城市规模的持续扩大而成为城市中心区用地的组成部分；一些位于城市郊区的考古遗址已经基本被各类建设项目所占压，而且建设规模持续膨胀，违章建筑不断涌现；一些位于农村地区的考古遗址，由于农村宅基地的迅速增加，致使遗址屡遭蚕食，保护面积日渐缩小，甚至处于村庄的包围之中，新的房屋建设正在不断向核心区蚕食，保护区内居民挖沙取土、修路建房、生产耕作、引水灌溉等生产活动，也对考古遗址造成一定破坏；而一些位于荒野的考古遗址，不断遭到人为破坏的威胁，有的高速公路、铁路、引水渠等基础设施建设，忽视对遗址环境的影响，有的道路建设甚至横穿遗址，对遗址类文化景观直接造成严重破坏。

目前，遗址类文化景观遗产保护处于被动局面的一个重要原因，就是在整体保护方面重视不够。例如唐大明宫遗址总面积约 3.2 平方公里，其北半部分布在西安未央区大明宫街道办事处辖区内，南半部分布在新城区自强路街道办事处辖区内。对于地跨两个行政区划的考古遗址，没有统一机构负责整体保护，造成多头管理，文物行政部门难以实现综合协调，使大明宫遗址的保护遇到了前所未有的冲击。一是遗址内居住人口持续增加。不断增加的人口压力使遗址不堪重负，人们的生产生活与遗址保护之间的矛盾越来越尖锐。二是违法建设屡禁不止。在大明宫遗址范围内私搭乱建现象十分普遍，违法建筑比比皆是，有的房屋甚至搭建在了文物本体之上。三是遗址环境脏乱。遗址区内生活基础设施落后、环境脏乱，社会治安恶化，甚至导致社会矛盾加剧。四是文物犯罪活动猖獗。一些珍贵文物被犯罪分子疯狂盗窃和盗掘，不仅造成大批珍贵文物流失，而且直接对考古遗址造成毁坏。同样，隋唐洛阳城遗址，目前跨洛阳市西工区、老城区、瀍河区和洛龙区 4 个市区。其中洛河以北的遗址区，除个别地点之外，几乎全部为现代工业建筑和民用建筑所覆盖，使地下、地上密集分布的文化遗存受到严重威胁。而洛河以南的里坊区，大量农民居住在遗址区内，农业生产活动不断对考古遗址造成蚕食。

长期以来，在我国整体经济状况较差的情况下，为防止考古遗址本体受到损毁，往往只能采取单一控制的方法，这种控制无疑也成为阻碍地区发展的主要因素，使遗址区内和遗址区外的发展水平形成较大落差，这种落差在短时间内可以用发展不平衡来解释，但是长期下去，必然会引起整个区域发展的不均衡，造成严重的社会问题。例如位于辽宁省朝阳市的牛河梁红山遗址，保护范围 58.95 平方公里，这里不仅是一个文化圣地，也是矿产资源宝库。遗址所在地区属半山地带、半丘陵地貌，地下储藏有大量铁矿石，矿业生产曾是当地 1.2 万农民主要的经济来源。根据矿产管理部门调查，牛河梁红山文化遗址保护范围内植被破坏面积 440 多亩（1 亩 =666.67 平方米），涉及建平县、凌源市的破坏区域 40 片，星罗棋布的采矿点使遗址类文化景观遭到严重破坏。如今这些企业已不存在，保护范围内严禁建设任何影响遗址和环境的项目，当地农民只能靠耕种几亩薄田维持生活，年人均收入已从原来高于全市平均水平降至低于全市平均水平。对牛河梁红山遗址的保护采取“死看死守”的被动办法，从长远看，对考古遗址保护越来越不利。尽管地方政府采取了严厉的措施，仍不时出现私采乱挖矿石行为，如果持续下去，不但难以解决民生问题，还会使农民迫于生活压力，不断扩大私挖乱采活动的规模。

由于以往城市考古工作的主要任务是“配合基本建设”的考古发掘，因而与城市基本建设的周期密切相关。城市建设加快发展的时期，考古发掘项目就多；而当城市建设发展慢的时期，考古发掘项目就少，甚至空白。这种不可预见性给考古遗址保护带来许多不确定因素，不可避免地存在遗址类文化景观被人为地分割成单体遗址的状况，致使发掘资料零散，难以做到系统性和完整性。不少考古地点在发掘工作完成之后，将地上、地下的可移动文物清空，随即对发掘区域进行回填，或仅在个别地点，分散地保存部分文化遗迹，进行考古遗址的点状展示，不能随遗址类文化景观遗产保护的需要拓展，许多重要遗迹不能进行全面揭示，留下不少遗憾。另一方面，我国的考古遗址以土质和土石结合的类型为主，千百年来遭受破坏严重，保存状况较差，很多考古遗址在艺术性、审美情趣等方面，从普通民众的角度来看，不具备观赏性，展示性不强。同时，大部分遗址的展示模式单一，展示形式雷同，展示效果不佳。还有一些地方为了发展旅游，在条件尚未成熟的条件下，特别是在没有制订详细的保护措施的情况下，就对重要的考古遗址进行发掘，发掘后由于缺乏保护预案，使具有珍贵文化信息的古代遗迹长时间暴露在恶劣的环境状况下，对遗址类文化景观的价值构成极大的破坏。

四、来自生存环境方面的威胁

回眸历史，人类文明进化的轮廓清晰可辨。首先是原始文明，至少经历了 170 万至 200 万年。这一时期，极少的人口以狩猎采集为生，主要以石器为生产工具，对地球数千亿吨计的净植物生产力来说，人类的“消费量”简直可以忽略不计。原始农业出现后，虽然产生了生态问题，但地球生物圈一直保持着巨大的自我恢复生态平衡能力。这种人类与生物、环境之间自然有序的协同进化关系，被称为原始“绿色文明”。到了农耕文明时期，随着生产工具和技术的进步，人类利用和改造自然的能力越来越大，相应的生态问题也日渐突出。过度开发林地、草地、丘陵与河滩带来的生态、环境恶化，致使文明衰落的变故屡见不鲜。但总体来看，这个时期人类的发展对自然生态的负面作用是渐进的，有一定的限度。但是，进入工业文明时期，人类对大自然展开了空前规模的征服运动，以掠夺的方式开发利用自然资源。工业革命对于人类财富的积累无疑是一次巨大的进步，但对于人类的生存环境却是一次灾难。当前，在世界范围内，灾害频繁，水土流失，江河污染，雪线上移；冰川融化、草原退化、土壤沙化；森林减少、湿地减少、生物多样性减少。人类对自然资源的贪婪掠夺，已经受到自然界的惩罚，并开始危及人类自己的生存。

近代以来，西方文明引发工业革命，使人类较早摆脱了风力、水力等天然动力的制约，使工业、人口和资本的强度聚集变成可能，城市化的进程大大加快，也使城市出现前所未有的爆炸式发展。在思想领域，随之出现以人类为中心的经济发展观和价值决定论，甚至在一些人看来，除了对人类现实具有实用价值的发展以外，谈论自然环境和生态价值没有实际意义。据有关统计资料，占世界人口 15% 的工业发达国家，消费了世界 56% 的石油、60% 以上的天然气和 50% 以上的重要矿产资源，从而带来了严重的生态环境问题。发达国家在大气、水质、辐射、噪声、化学、热源等方面的环境污染，均是由于经济高度畸形发展和生活方式的奢侈浪费所造成。东方文明在西方文明的强势入侵以及西方国家经济发展成就表象的引诱下，也开始出现放弃人类与自然和谐共存的价值观念的倾向，提倡“改造自然”、“征服自然”的发展模式，使人类忽视了许多千百年来大自然赋予的生态环境和生活方式。自改革开放以来，我国年均经济增长率达到 9.7%，不仅明显高于 1953 年至 1978 年年均 6.1% 的速度，而且也大大高于同期世界经济年均 3.0% 的速度，发展速度超过了西方资本主义发展初期，几乎是同期世界发达国家的 3 倍。这一时期虽然创造了巨大的物质财富，但是由于粗放型的增长方式靠的是高消耗、高污染，生态平衡的破坏程度也相当严重。2006 年，我国消费了世界 15% 的能源、30% 的钢铁、54% 的水泥，共计 50 亿吨的各类自然资源，而国内生产总值仅占世界的 5.5%；单位产值消耗的能源是日本的 7 倍，美国的 6 倍，印度的 2.8 倍。

我国自然环境具有两个重要特点，一是容量有限，二是生态脆弱。随着工业化、城市化、现代化进程的加快，空气、土地、水源、噪音等环境污染不断加剧，90% 以上的城市水域受到污染，1/4 的国土面积遭受酸雨、工业废料和生活垃圾侵蚀，资源消耗前所未有，国家的生态安全受到严重的威胁。在我国能源结构中，煤炭占有 70% 的比重，每年消耗煤炭 20 亿吨，导致我国成为世界三大酸雨分布中心之一，仅四川省一年酸雨腐蚀就造成 113 亿元经济损失[①]。2008 年，我国汽车保有量已达到 6474 万辆，全国年消耗 2.15 亿桶石油，至少 1/3 被汽车吃掉，汽车尾气已是我国大中城市空气的主要污染源。2006 年，我国 113 个重点城市空气质量达到二级标准的仅占 44%；城市污水处

① 沈孝辉：《怎样面对我们的家园》，载《群言》，2009（3），37 页。

理率和二级处理率分别仅达30%和15%；城市垃圾无害化处理不到20%；约有420多座城市缺水，其中114座严重缺水。据中国科学院2008年初发布的一份报告称，在全球118个国家参加评价的2004年生态现代化指数排名中，中国排在第100名，位居倒数第18位。[①] 2001年世界银行发展报告列举的污染最严重的20个城市中，我国占有16个。所有这些，不但造成巨大的经济损失，而且危害广大民众的身体健康，影响社会稳定和环境安全，使城市可持续发展受到严峻挑战。[②]上述一系列严重问题表明，急功近利的建设方式和唯利是图的生产方式所带来发展观念的短视与浮躁，是造成一系列环境问题的根源所在，这一发展模式将不可持续和难以为继。

今天，在激烈的全球经济现代化发展中，普遍存在着追求经济增长、忽视保护生态环境的目标，忽视宏观调控和全球协调的倾向。例如在1987年世界银行的《世界发展报告》中，列出了33项经济发展附表，但是其中竟然没有一项有关生态环境的指标。虽然造成生态环境恶化的原因是多方面的，但是主要是来自于人类对可持续发展的自然生态规律认识的片面和对自然界过量索取，以及国际社会缺乏有效的协调遏制机制。恩格斯在《自然辩证法》一书中警告说："我们不要过分陶醉于我们对自然的胜利。对于每一次这样的胜利，自然界都报复了我们。美索不达米亚、希腊、小亚细亚以及其他各地的居民，为了想得到耕地，把森林都砍完了，但是他们梦想不到，这些地方今天竟因此成为荒芜不毛之地。"他进一步指出："在今天的生产方式中，对自然界和社会，主要只注意到最初的最显著的结果，然后人们又感到惊奇的是，为达到上述结果而采取的行为

① 赵建军：《生态文明建设刍议》，载《中国文化报》，2008-07-05（3）。
② 牛桂敏，陈柳钦：《城市的生态觉醒》，载《中国城市经济》，2008（7），12页。

所产生的比较远的影响，却完全是另外一回事。”1987 年 3 月 2 日，美国《新闻周刊》在《大自然的报复》一文中预测，到 2037 年时“巴黎和费城到处张贴着预报洪水将到来的告示，纽约市的街道水深 4 英尺（注：1 英尺 =0.3048 米），大部分居民已逃到内地”。美国五角大楼在向布什总统递交的一份报告中曾经警告说“今后 20 年全球气候变化对人类构成的威胁将胜过恐怖主义”。

人类与自然的关系不是一成不变的。随着时间的推移、环境的改变，自然可能变得更加严酷，有时甚至出现强烈地震、火山喷发或洪水泛滥过后的“灾害景观”，文化景观遗产也面临着一些突发自然灾害的破坏。例如，伊朗东南部的克尔曼巴姆古城地处“丝绸之路”沿线的沙漠环境之中，位于重要贸易之路的十字路口，始建于公元前 4 世纪，在 7–11 世纪时作为商贸中心和强大的军事重镇而达到鼎盛，城内人口达到 5000 人，成为多种文化相互影响的杰出典范和沙漠环境中人类与自然互动的杰出代表，对中亚地区沙漠环境中贸易聚落的发展提供了特殊证明。这座古老城镇被 3 公里长的城墙所环绕，城内的一座城堡是世界上现存最庞大的土结构建筑，代表了中亚地区使用泥土夯筑传统技术所建造的中世纪防御建筑的成功实例。该体系基于严格的社会体系，有精密分工和职责，并且经延续性的维修，成功地保持了历史原状。但是不幸的是，2003 年 12 月 26 日，一场里氏 6．3 级的强烈地震，造成千年古城 90% 的建筑物倒塌，使巴姆古城大部分文化遗址夷为平地，地下的灌溉系统也遭到部分毁坏。6 个月后，第 28 届世界遗产委员会会议在我国召开，会上根据世界遗产委员会决议，巴姆古城文化景观被列入《世界遗产名录》，同时也被列入《濒危世界遗产名录》。

今天，人类社会遇到了前所未有的生存与发展危机，城市的发展在人类征服自然、利用自然与受自然惩罚的矛盾中前行，建设性过程对生态环境来说，往往成为破坏性过程。联合国减灾委员会的报告称“中国是世界上少数自然灾害较多的国家之一”。近年来，全球气候持续变暖，对灾害风险分布和发生规律产生全方位、多层次的影响，致使自然灾害发生频繁、分布区域广、种类增多、破坏剧烈。洪水、地震、台风、冰雹、雷击、干旱、赤潮、沙尘暴、泥石流、森林火灾，以及气温极端天气和植物病虫害等突发性和日常性灾害的频发，给广大民众生命财产造成重大损失。我国地震的频度与强度，约占全球总量的1/10以上。300年来，全球发生的特大灾害，死亡人数一次达到10万人以上的一共有50次，我国占26次。[①]特别是2008年5月12日发生的汶川特大地震灾害，损失惨重，不能不引起人们的深思。生态安全状况已经对人类生存和可持续发展发出严重警告，成为亟待解决的问题。同时，对文化景观遗产产生的威胁破坏，也已经成为不可回避的事实，例如贵州地坪风雨桥遭洪水冲毁、都江堰二王庙古建筑群在地震中损毁。

周干峙院士指出，“当前，我国的经济实力显著增强，但是长期形成的结构性矛盾和粗放型增长方式尚未根本改变，突出表现在对生态环境、土地、水资源、能源的低效率使用，以及对自然和人文历史景观的不同程度破坏”[②]。随着人类活动范围的扩大与多样化，人类与环境的关系问题越来越突出。一方面，城市原有的与自然和谐相处的文化景观，由于无法接纳和承受强加于自身的发展压力而变得支离破碎，无限制地开山筑路、填河建楼，使城市像摊大饼一样迅速扩张，溪流被污染，山丘被推平，农田被蚕食，森林被砍伐，

① 叶舒宪：《文学中的灾难与救世》，载《紫光阁》，2008（9），59页。
② 周干峙：《对生态城市的几点基本认识》，载《城市规划》，2008（8），9页。

造成城市山水格局和文化景观的肢解与损毁。另一方面，经济全球化所引发的文化全球化趋势，也使文化多样性面临危机。建筑风格乃至城市格局的模仿、复制与拼贴随处可见，无数历史性城市的自然特性和文化景观被埋葬在“千城一面”的城市形象和“千篇一律”的建筑森林之中，使城市文化特色削弱，城市文化景观趋同，城市文化危机加剧。生态文明是经济、社会、资源环境协调发展的社会形态，核心是人与自然的和谐。今天，人类社会面临能源危机、生态危机、金融危机，世界各国都在探索低耗高效、节能环保、可持续发展的方向，这应该成为21世纪人类生存与发展的本质特征。

在我国快速城市化进程中，暴露出一系列值得关注的社会、经济、资源、环境问题，其中最为敏感的是土地问题。与经济快速发展相伴随，土地资源消耗速度在不断加快。“六五”期间全国平均每年净减少737亩（注：1亩=666.67平方米）耕地，“八五”期间平均每年净减少440万亩，“九五”期间平均每年净减少1428万亩，到“十五”期间平均每年净减少耕地则达到了1848.5万亩。[①]1996年至2005年的10年间，我国城市建设与工业建设征占耕地1.2亿亩，导致耕地竟以每年1000多万亩的速率递减，人均耕地面积已降至仅1亩多，不足世界人均水平的1/4。2008年年底公布的最新土地利用变更调查显示，目前我国耕地总面积约为18.2574亿亩，逼近了18亿亩的耕地红色警戒线。人地矛盾日渐激化，土地问题愈来愈成为制约我国经济和社会可持续发展的关键性因素。未来30年，我国人口数量将达到历史最高峰，面临巨大的人口增长压力和经济发展压力，这也使得土地问题成为各方面关注的焦点。尽管有关保护耕地

① 杨保军，靳东晓：《快速城镇化进程中的土地问题透视》，载《城市区域规划研究》，2008（1），2页。

的政策措施不断出台，但是，对土地资源控制的实际效果并不理想，圈地现象似乎愈演愈烈，圈地名目也越来越多。这种建立在“土地换取发展”基础上的经济发展模式，其不可持续性特征日益明显，难以成为未来发展的长久之计，现在已经逐渐积累成为严重的问题。农业生产离不开土地，土地是人们生存的宝贵资源，是人们从事劳动创造的物质基础，尤其是对农业民族而言，有了土地就有了一切，丧失了土地就丧失了一切，人们对土地有着深厚的感情，同时，特殊的土地资源也是乡村类文化景观的重要背景。

根据有关报道，未来17年，我国会有3.5亿人口由农村迁入城市，届时我国将拥有8座人口超过1000万的超级城市、15座人口为500万~1000万的大城市和221座人口超过100万的城市，而目前整个欧洲，人口超过100万的城市只有35座。城市规模的急剧扩张自然意味着大兴土木，无限制地向郊区蔓延，而巨型城市不可抗拒地涌现，给健康、教育、住宅、交通、环境等问题带来巨大的挑战。由于当前拉动地方经济增长的主要因素还是投资，因而吸引外来资本往往成为地方政府的一项重要工作，有的城市干脆提出“招商引资是第一要务”。一方面是土地资源的短缺，另一方面又是土地利用的粗放，表现为大量低效利用土地、闲置用地等现象。伴随城市规模越来越大，城市布局混乱，建筑质量低劣，卫生条件恶化，这些问题的持续发展，将彻底改变人与自然的关系，使之不再和谐，而且逐渐变得愈加冲突。这种不顾资源承受能力和经济发展需要，忽视人居环境和文化传承，而过度追求城市规模的城市化现状令人担忧。在许多城市发展过程中，侵占耕地良田、挤占郊区森林、填埋河流湖泊，从而可以得到更多的城市发展用地，但是随之而来的是植被破坏，空气和水体污染，地下水过度开发，城市热岛现象严重，这些都是自然环境结构遭到破坏的结果。

我国是世界上拥有水坝数量最多的国家，已达8.6万座，占全球拥有量的一半，其中2.5万座高坝，占全球的45%。近年来，在西南地区掀起空前的水电开发高潮，这些高坝大库建成之后，我国西南江河将全部节节寸段，变成水坝垒起的一级级“台阶”。这些高坝大库强势布局于文化与自然遗产富集地区，严重伤害了原有的文化植被，改变了无比珍贵的乡村类文化景观。江河拥有的不只是水能，还有孕育着丰富生物物种的生态系统，是海陆水循环与物质循环的纽带。江河是有生命的，江河的生命在于自由奔流。自由奔流确保了水流的连续性，能量与物质输送的连续性，生物群落的连续性和信息流的连续性，而一旦流水被高坝层层截断，江河流水变成湖泊静水，所有这些连续性都将出现难以弥补的断裂。我国西南横断山区是全球34个生物多样性热点地区之一。其中占国土面积仅0.4%的三江并流世界自然遗产地，荟萃着全国1/4的高等植物和野生动物种类，是我国三大生物物种中心之一，也是世界级的基因库，因此，其发电价值难以与生态价值相比。“没有健康的流域，也就不可能有健康的社会”。为此专家指出，整个横断山脉地处地质的南北大断裂带上，是地震的高发区，根本不适合进行大型工程建设。

城市中的天然河道，对于市民来说是丰富生活和休闲活动的场所，而天然河道的水体环境，更是自然环境和人工环境有机结合的产物。但是，如今城市中的水体环境和河道景观，作为公共空间的特征正在逐渐消失。一方面，城市化发展使天然流域在短时间内发生急剧变化，池塘、湿地等天然的调蓄系统被商业化开发项目建设所推平，代之以地下排水管网，原有的植被和土壤大量被不透水铺装所替代；另一方面，城市生活与天然河道被人为隔离，河岸设计往往以90度直角垒石作为堤岸，加上汉白玉或水泥栏杆，高高的堤岸和栏杆阻隔了人们与水的交流，而漫长的堤岸少有台阶、平直码头等可以供人们抵达水边的设施，无法满足人们对亲水性的需求；同时，一些城市对天然河道进行人工化整治和改造，大搞人造景观建设，忽视对自然要素的保护，看上去更像是一条人造运河。一些沿河建筑物忽视与周围环境的关系，在体量上与河道尺度不相协调，新建的高楼大厦尽量向河岸靠拢，以至行船在河中，只见两侧的水泥森林，严重破坏了文化景观的整体性，使一系列经过人工化整治和改造的河道景观，看上去显得乏味，缺乏个性，缺乏美感。特别是近年来，沿河展开的房地产开发，对整段河道实施封闭管理，导致河道的可达性更差，民众不能接近的河道比例很大，满足不了民众所向往的情趣化生活的需要，河流在文化景观中的作用发挥受到严重影响。

人类面临的人口、资源、环境等重大问题，都与生态环境问题的研究有着密切关系。今天，人们开始从居住环境的退化、自然资源的浪费、城市风貌的丧失和全球生态的恶化中认识到，人类面临的种种危机，本质上是文化危机，其根源在于现有的价值观念、行为方式，以及经济、政治、文化和社会机制的不合理。如今对文化景观遗产更多的威胁来自人为的破坏。宗教类文化景观巴米扬石窟曾经拥有两项世界之最，一是现存最大规模的佛教石窟群，二是巴米扬大佛是世界上最高的古代佛像。巴米扬大佛雕造于公元4—5世纪间，至今已有1500多年的历史，饱经战争劫难，其中最严重的是2001年3月，阿富汗武装派别塔利班不顾联合国和世界各国的强烈反对，动用大炮、炸药以及火箭筒等各种战争武器，摧毁了巴米扬石窟包括塞尔萨尔和沙玛玛在内的所有佛像，这一蓄意轰炸破坏行为震惊了世界，是战争对人类文明的又一次涂炭。目前，虽然一些国家政府和相关国际组织已经表示愿意出资帮助修复这些佛像。但是，笔者认为作为人类文化悲剧的见证，巴米扬佛像是否需要重建，应该慎重给予回应。2008 年，韩国的国宝崇礼门也由于人为纵火遭到损毁，再次引发人们对于如何加强文化遗产安全保护的思考。

时至今日，在世界各地考古遗址遭到破坏的情况仍然时有发生。古巴比伦考古遗址位于伊拉克首都巴格达以南 90 公里幼发拉底河右岸，始建于公元前 3000 年。在那里，古巴比伦国王尼布甲尼撒二世建造了被称为古代世界七大奇迹之一的巴比伦“空中花园”，是世界上最重要的考古遗址之一。但是，在伊拉克战争中巴比伦考古遗址遭到严重破坏。据英国《泰晤士报》网站报道，2003 年 4 月，美国和其他国家组成的驻伊联军，在这座古城废墟上建立了军营，并且一直驻扎到 2004 年 12 月。2009 年 7 月，联合国教科文组织在历时 5 年的调查后，发布了一份报告，其中指出，驻伊拉克美军在巴比伦古城遗址驻扎期间，修建军营、挖掘数百米长的战壕、驾驶重型军车压坏具有数千年历史的砖制甬道，用推土机夷平考古遗址的部分地区，致使巴比伦古城遗址遭受严重破坏。大英博物馆中东部负责人 J. 柯蒂斯（J.Curtis）说，2000 多名军人占领巴比伦遗迹所造成的破坏是永远无法恢复的。“从入侵后他们就驻扎进来，直到离开，这期间他们造成了许多破坏。情况令人震惊——就好比开坦克在英国巨石阵中穿梭”[①]。联合国教科文组织文化官员 F. 里维耶尔（F.Rivière）则指出，一些国家不遵守保护重要考古遗址的《海牙公约》，导致破坏的行为时有发生。因此，应采取措施加强《海牙公约》的约束力，让“发生在巴比伦古城遗址的破坏不再重演”。

今日世界并不安宁，一些文化遗产面临来自战争的威胁。2009

① 《巴比伦遗迹惨遭破坏》，载《中国文化报》，2008-11-17（1）。

年6月，在西班牙召开的第33届世界遗产委员会会议上，于上届大会中刚刚被列入《世界遗产名录》的柏威夏寺的安全保护问题就引起了会议的关注。柏威夏寺位于柬埔寨和泰国边境地区，两国在历史上都宣称对该寺所属区域拥有主权。1962年，海牙国际法庭将柏威夏寺判归柬埔寨所有，但泰国坚称对其周边4.6平方公里的土地拥有主权，因此反对柬埔寨申报世界文化遗产。此次会议前，泰国重新把柏威夏寺问题提出来，柬方则表示坚决反对。随之，两国在柏威夏寺地区开始增兵。泰国陆军司令A.保津达（A.Paojinda）于本届世界遗产委员会会议召开前夕，亲自到边境视察，称在对方先部署重武器的情况下，泰国也将军队增加到了3000人，并配合大炮和坦克。而泰国《曼谷邮件》的社论则指出，必须用外交手段谈判解决两国争端，而不能基于政治立场、诉诸军事手段[①]。另据美国全国广播公司报道，“当德国为11月9日柏林墙倒塌20周年纪念做准备时，很多柏林人后悔当初没有留下一点断壁残垣作为纪念”。柏林市旅游局局长B.基克（B.Kieker）说：“在柏林，每一块石头下都有一段历史。最致命的错误是我们以‘典型德国人的做事方式’有条不紊地将柏林墙拆了个精光，尘封了一段历史。”柏林历史遗址总监莱恩纳（Reiner）说：“民主纪念馆及历史遗址需要发展和完善。然而，我们所做的恰恰事与愿违，不是在纪念胜利，而是在纪念我们的羞耻行为。柏林墙最著名的通行点变成吸引众人眼球的美利坚商务中心，就是一例[②]。”

阿曼的阿拉伯大羚羊栖息地是世界自然遗产。2007年1月，阿曼颁布的皇家法令将遗产保护区面积减少了90%；同时因非法偷

① 任建民：《柏威夏寺再次引发泰柬争执》，载《人民日报》，2009-06-26（3）。
② 陈宗伦：《柏林人后悔毁了柏林墙》，载《环球时报》，2009-05-13（5）。

猎大羚羊的行为未能得到有效控制，使得大羚羊的数量急剧下降，几近灭绝，加上在保护区内的石油和天然气开采已在计划中，于是2007年6月，在新西兰基督城召开的第31届世界遗产委员会会议上，咨询机构认为该处遗产已丧失了世界遗产突出的普遍价值和完整性，为保持《世界遗产公约》的可信性，建议将该处遗产从《世界遗产名录》中除名。部分委员国表示赞同除名，部分委员国则认为保护世界遗产是国际社会的职责，不应放弃对该处遗产地的保护，如果咨询机构认为恢复遗产的原有边界还能存有突出的普遍价值，则应敦促缔约国恢复遗产原边界，并加强对遗产地的管理，制止偷猎行为，因此不同意除名。经过长时间讨论，难以达成统一意见，大会主席同意进行秘密投票。投票结果是13票同意除名，8票反对，未达到法定的2/3。世界遗产委员会决定成立工作小组，在会下进行讨论和协商，形成决议草案再提交会议讨论。最后，世界遗产委员会通过的决议认为，阿曼法律缩减遗产地面积，使得遗产的价值和完整性严重丧失，决定将阿拉伯大羚羊栖息地从《世界遗产名录》中除名。

今天，文化景观遗产突出的普遍价值尚未得到应有重视，在世界各地的保护状况均面临严重的挑战。例如在意大利，该国文化部长S. 庞迪(S.Bondi)于2008年7月4日宣布，世界文化遗产古罗马时期庞培古城遗址由于管理不善等原因遭到破坏，进入紧急状态。紧急状态将会持续一年，期间政府将为保护遗址投入更多资金，采取特殊保护措施。目前，由于缺乏维护，庞培古城遗址每年损失至少150平方米壁画和石膏艺术品，每年至少有3000件石器粉碎。据路透社报道，考古学家和历史学家长期抱怨庞培遗址失修，宝贵文物因为缺乏投资、杂草丛生、乱丢垃圾、涂鸦和劫掠行为而遭到侵蚀。目前，遗址尚有1/3没有出土，这部分遗址上面的场地则是一处非法垃圾堆放点。[1]在法国，该国政府曾一度严重忽视了马其诺防线的文化景观遗产价值，而由当地民众发现了这处文化遗产的价值，并不顾政府的冷漠无视，自发予以修复。在一些独立不久的国家，往往对其遭受屈辱的历史遗迹，出于感情或政治的原因，不遗余力地予以扫除。一些东欧国家在重新发现古老文化遗产价值的同时，也在忙于根除近五十年来的文化遗产。[2]今天，全球各地的文化景观遗产，因保护不善等“突显的原因”，进入《濒危世界遗产名录》的事例已有不少。

沧海桑田的演变是人类的力量所无法彻底改变和扭转的。一方面，任何一个时代所形成的文化景观，当产生它的那个时代渐渐远去之后，它往往也会随着时代的逝去而走向式微，甚至消亡。另一方面，人类对某一种自然资源的长期超量开采，或对某一处文化景观的长期不可持续开发，都必然会导致这些自然资源和文化资源的衰减、退化乃至枯竭。霍尔托巴吉国家公园是匈牙利东部一片面积辽阔的草原和湿地，具有丰富的生态环境类型，保持了物种和环境的多样性。长期以来，国家公园内存在广泛的原生态地区，未受到污染、城市发展等的破坏。因此作为游牧民族社会所塑造的文化景观中的杰出范例，于1999年被列入《世界遗产名录》，成为人类与自然之间和谐关系的代表。但是，近年来发生的严重干旱，导致遗址的部分地区遭到严重破坏。同时，周围地区由于进行农业开垦，使用了化肥，对遗址的保存具有严重的不良影响；有些地区由于不恰当的水利经营方式而出现了严重的淤积；有时当地渔民的作业也会对水库造成一定破坏。然而，迄今为止这些问题还未引起人们的

①《庞培古城进入“紧急状态”》，载《中国文化报》，2008-07-09（2）。
②王运良：《遗产被视为“过程”》，载《中国文物报》，2008-02-29（8）。

足够重视。类似霍尔托巴吉国家公园的情况，目前也出现在我国的一些文化景观遗产地，必须引起高度重视。

随着旅游事业的高速发展，各地的人造景观建设风起云涌。不少地方不惜投入巨资，圈地建城，修园建宫，许多项目重复雷同，缺乏新意，以致刚刚建成就昙花一现，形成巨大的投资失误，引来广泛的质疑和批评。但是目前人造景观的建设热度仍然有增无减，一些地方还在大兴土木，继续盲目建设。如果任其发展下去，势必劳民伤财，造成更大的浪费和损失。2008 年 4 月，有关媒体报道甘肃省三个县不惜血本打造“文化古董”。一是黄河三峡孔子文化教育研究中心在永靖县举行奠基仪式，这是“西北地区规模最大的孔子文化教育研究中心”，占地 113 亩，拟建“三殿五院”。三殿为大成殿、四圣殿、七十二贤殿；五院为儒家研究院、黄河文化院、书画艺术院、学子成就院、名人功德院。二是华亭县计划投资 3480 万元，实施秦皇祭天文化广场三期工程，强力推动莲花台景区建设，彰显“秦皇祭天第一坛”特色旅游品牌，力争形成与北京天坛、山东泰山齐名的“中国祭天三坛”。三是临洮县投资 8000 万元建老子文化园，该园总面积 1500 亩，项目建设内容主要包括：中国老子博物馆及祭祀广场、中国老子飞升纪念景区、中国老子研究院区、临洮传统民俗街区及居住区等。[①]甘肃是一个经济欠发达地区，2007 年人均收入全国倒数第一，如此巨资投入在这些“大项目”上，引起广泛关注。

目前，大型人造景观项目开工、竣工的消息接踵而来。2008 年 2 月，浙江横店在北京钓鱼台国宾馆高调宣布，“按 1：1 的比例重造一座圆明园”，这一重建计划将耗资 200 亿，一期工程 2008 年内

① 曾华锋：《甘肃三县集资造“古董”》，载《人民日报》，2008-04-09（11）。

动工，计划于2013年正式对外开放，消息传出引起广泛关注和争议，但此后项目进展陷入停顿。“由于该项目规划用地6165亩，其中3096亩土地不符合横店镇土地利用总体规划，包括基本农田1057.4亩。因此，新圆明园重建计划在宣布两个月后即被紧急叫停，横店重建圆明园的梦想也就此终结”[①]。据报道，陕西法门寺文化景区建设项目总占地9平方公里，其中佛文化展示区4平方公里，分为佛、法、僧三区，各占地约1000亩，呈“品”字形布局。佛区建设安奉佛祖真身指骨舍利的合十舍利塔，高达148米，建设容纳10万人的瞻礼朝拜广场、山门广场以及连接佛、法、僧三区的佛光大道。[②]另据报道，陕西省凤县在“打造”旅游品牌过程中，短短两年内投资6.5亿元，实施了5大景区、5大公园等几十个大型景观项目，并且投入巨资建造了喷射高度达186米的喷泉。实际上，随着旅游业的迅猛发展，广大游客越来越钟情于回归自然，向往于山水名胜，热衷于生态旅游，对缺乏文化含量和观赏价值的人造景点怀有抵制心理。

据不完全统计，目前各地规模较大的人造景观数以万计，如世界公园、三国城、西游记宫等，仅以《西游记》故事为主题的人造景观，全国就有近百处。有关方面估计，这些人造景观占地面积超过24万亩，总投资超过700亿元。耗费巨资修建的大量人造景观，当前除深圳的锦绣中华等少数精品之外，大多萧条冷落，勉强维持营业，80%处于亏损状态。2008年6月，报载“新疆鄯善县将要投资3.2亿元，在距离楼兰古城遗址数百公里外重建‘楼兰王城’，让楼兰古城再现昔日辉煌。据了解，‘楼兰王城’项目将分3期投资，投资期年限为6年，将建成生态休闲区项目、楼兰文化深度体验区

① 《浙江横店重建圆明园的事黄了》，载《现代快报》，2009-03-28（A6）。
② 《法门寺与法门寺景区》，载《南方都市报》，2009-03-24（A32）。

项目、西域风情体验区项目，以及探险项目、四星级休闲度假酒店项目等，包括楼兰王宫、楼兰客栈、楼兰文化广场、西域三十六方会馆、塔林、楼兰十二坊等”。一位网友认为“楼兰的美是一种残缺的美，如同圆明园残存的大水法。走进大漠黄沙，走进楼兰古城，我们所需要的绝不是繁华与喧闹，而是聆听和触摸”①。2008年8月，在一次新闻发布会上，丰都县表示将投资7亿元对丰都县名山景区进行提档升级，“唱响‘世界鬼城’，扩大丰都的知名度，是我们未来的旅游奋斗目标之一”。消息传出，在社会上再次引发争议，“有些老百姓认为花这么多钱做鬼文化是鬼迷心窍”②。这样过于牵强的人工化包装，与文化景观精神相背而驰。

这一现象的产生，主要是随着旅游热的兴起，各地都在争创旅游大省、旅游大市、旅游大县，一些城市决策者由于急于在任期内彰显政绩，目光聚焦在了华而不实的低层次人造景观。在这一背景下匆忙建造起来的人造景观，往往粗制滥造，风格雷同，缺乏科学论证，缺乏文化含量，更无地方特色。因此，人造景观建设项目需科学论证，严格控制，要坚持尊重自然、保护环境的原则。旅游经济是市场经济。人造景观作为一种产品，必须接受市场的考验。延续中华民族的智慧并不在于重复古代的建筑形式和风格，而是继承他们的创造精神，更不能打着历史文化的招牌，剽窃古人的创意，制造出一个个赝品，肆意篡改历史。必须建设的人造景观要精心设计，准确赋予其文化内涵，体现文化品位和地方特色③。前门大街在北京人心目中一直具有传统商业中心的地位，众多的老字号更以其独特的经验方式和商品名播四海。时光流转，如今已难觅当年店铺林立、商贾云集、牌匾交错、人声喧腾的盛景。肖复兴先生在《人民日报》

① 纵艺：《中国文化报》，2008-06-30（1）。
② 侯露露：《“文化工程”为何频惹争议》，载《人民日报》，2008-09-05（12）。
③ 林祥：《人造景观切勿盲目跟风》，载《人民政协报》，2008-03-17（B2）。

撰文指出："前门大街正在修步行街，马路两侧将建起民国时期的各色老字号，但绝大多数是新修的赝品。这样一条街，和其他一些城市修建起的'唐街'、'宋城'有什么区别？在我们辉煌的故宫和巍峨的前门楼子的眼前，修建成一条高级的赝品街，不能不让人对它充满忧虑"①。

今天，面对城市规模持续扩大、大型基础设施建设、当地居民生产生活变化以及环境污染、地质灾害、风雨剥蚀、生物侵害等方面的冲击和影响，许多文化景观遗产在各种人为和自然因素的蚕食、破坏下，逐步残缺甚或灭失。同时，文化景观作为文化遗产的价值，远远没有受到我国文化遗产保护领域的足够重视，已列入各级文物保护单位的文化景观遗产数量很少，即使有少量列入也缺乏整体性和系统性。位于不同背景环境的文化景观，面临来自不同方面的影响和冲击，例如地处现代城市中的文化景观，由于在城市规划和建设中往往将其置于相对独立的空间，文化景观与城市建设用地之间缺少缓冲过渡，周边建设项目的性质、高度、体量、色彩等失于控制，致使传统环境和地貌特色受到破坏。地处城市环境以外的文化景观，经常面临诸如开山取石、挖土烧砖等人为破坏，周围苍莽的山势、辽阔的原野、茂密的森林、美丽的田园等生态环境不断遭到改变，难以实现文化景观内外环境相互渗透的整体保护效果。在我国现阶段的城市建设中，单纯追求视觉观感的美化运动现象普遍存在，造成文化景观的枯燥与雷同。实际上，文化景观不仅是一个视觉的物质性场所，更是一个精神性场所。美学价值固然重要，但精神价值更加重要。目前，在经济社会发展过程中，一些地方没有认识到文化景观这笔社会财富的重要性，而把它们看做经济发展的障碍，致使有些地方对文化景观遗产进行破坏性开发，问题相当突出。

① 朱祖希：《前门大街就是前门大街》，载《群言》，2008，（4）：42。

加强文化景观遗产保护基础研究①

（2010年1月）

长期以来，在人类与自然的关系中，始终和谐与矛盾共生。但是，最终人类必须面对现实，与自然和平共处。这里所指的自然，包括气候、水体、土地、植物、动物、地理、地形、资源、环境等。这些所构成的自然系统，是人居环境产生并发挥其功能的基础，是人类安身立命之所。自然资源是不可再生的资源，具有不可代替性，而自然环境的变化，则具有不可逆性和不可弥补性。今天，人们依

希腊雅典卫城考古遗址（2009年6月19日）

① 单霁翔：《走进文化景观遗产的世界》，天津，天津大学出版社，2010。

靠不断创新的科学技术来影响自然环境，依靠不断进步的价值观念来合理调整生态系统，努力使生态系统在从自然景观改变为文化景观的过程中健康地发展。因此，人们需要不断以文化理念为基础，对生态环境进行评估，对人们在自然中的地位做出预测，对不同类型的文化景观进行评价。

文化景观遗产的价值评估是对其实施保护的前提。长期以来，人们根据个人的态度和价值观念观察文化景观，从中发现许多不同的信息。当前，亟须从历史、科学、文化和艺术等不同角度，建立起文化景观遗产价值评估的理论框架，高屋建瓴地进行分析判断，以宏阔的文化视野，解析不同类型文化景观遗产的历史意蕴和文化价值，以及它们在人类发展的时空中和历史文化的长河中存在的必然性，探索不同类型文化景观遗产对当代以及后世所具有的深刻意义和深远影响。

关于文化景观遗产的价值评估问题，虽然已经有过很多深入论

上海世界博览会园区夜景（2010 年 4 月 30 日）

证，但是针对不同类型的文化景观遗产的价值评估标准，尚未开展深层次的研讨。对于文化景观遗产来说，价值评估应首先基于遗产特质和要素组成进行考虑，尤其是对于关键的核心要素，必须被充分认识和理解，才能纳入保护规划与管理系统之中。文化景观遗产的内涵超越了以往单体不可移动文物以及考古遗址的范畴，其所包括的物质层面，小到单体不可移动文物，大到田野、山川、河谷等地理区域，同时还涉及非物质文化遗产的要素。因此，传统意义上对建筑物群、历史园林、考古遗址等文化遗产的价值评估，并不完全适用于文化景观遗产。不仅需要对文化景观遗产的布局、形式、材料的价值进行确认，而且应该包括对于那些具有功能延续的传统社区和区域中保持的文化价值进行确认。

与其他类别的文化遗产相比较，文化景观遗产更加突出本体与环境不可分割与统一协调的特征。要克服将文化景观遗产作为一系列文化遗产单位叠加的习惯性认识，克服那些认为只要对每处文化遗产单位妥善保护，文化景观的保护问题就能够迎刃而解，文化景观价值就能够得到凸显的认识。因为，文化景观遗产涵盖了内部的与外部的、个体的与群体的、历史的与现在的、物质的与非物质的诸多方面的相互关系。

文化景观遗产的概念代表了文化景观中所有物质要素与非物质要素，一般情况下，包括自然山水、城镇布局、街巷肌理、建筑空间、树木植被、传统习俗等，以及它们之间的相互关系。因此，对于文化景观遗产价值评估，必须充分体现文化景观的性质和特征，对保护的整体状况进行深入研究。首先，文化景观遗产由不同景观元素构成，它们可以是构成自然环境的一片湖泊、一座山丘、一组树木等，也可以是构成文化环境的一片街区、一条街巷、一座建筑等，还可以是构成生活环境的一种习俗、一门艺术、一项技术等景观元素。其次，没有完全相同的景观元素，根据不同的地理位置，不同的功能性质，可以体现出不同的规模、不同的层次、不同的内涵，以及不同空间结构形态和内在景观特质。“一个独具特色的景观是不可替换的，因为它是物质的、文化的和地方特性的独特混合体。而且，变化的景观非常像是历史条件的函数”[①]。第三，这些景观元素之间的关系，往往是长时间以来经济、政治、文化和社会不断变化作用而产生的结果，相互关联，相互影响，通过有机结合，形成整体。第四，任何一个或一些景观元素的变化，都可能改变景观元素之间的关系，导致文化景观整体的变化，甚至导致文化景观遗产价值的改变。

人作为文化精神的秉承者，对文化景观遗产的理解和维护，在保护与发展发生矛盾时所持有的立场，对于文化景观遗产的保护无疑是至关重要的因素。文化景观的研究必须重视人的感知过程。近年来，在文化景观的研究中对人的关注呈现出增长的趋势，对个体的行为、意识、态度等方面的探讨在文化景观遗产的保护、感知、评价研究中日渐增多，极大地拓展了研究的深度与广度。由于考虑了公众的利益与要求，研究成果的实用价值也得以大幅度提高。在研究理论与方法上，除了涉及地理学、生态学、文化遗产保护理论和城市规划理论以外，还融合了社会学、心理学、行为学、历史学、人类学、美学等众多学科，这些学科不仅有助于研究理论与方法的多样性，而且大大提高了研究的广度与深度。

同时，在研究工作中采用最新的科技手段，并结合实地调查，综合运用大量研究成果和新的研究模式，使文化景观研究逐步走向

---

① 王紫雯，王媛：《城市传统景观特质的整体性分析研究》，载《城市规划》，2004(7)，15页。

成熟。文化景观遗产不仅是物质实体，也是文化意识的产物。保存文化景观的场所精神与保护文化景观本身同等重要，文化景观遗产保护和管理的根本任务，不仅要维护城市或地区的文化特色，而且要捍卫城市或地区的文化精神。而文化精神的保持正是凭借着文化景观遗产的恒久性，以及其所蕴含的文化特性和集体记忆，使人们得到独特而真实的感悟。

文化景观遗产有效保护的目的是真实、完整地保存并延续其历史信息及全部价值。因此，最少干预才能真正使其“祛病延年”。所有保护决策都应基于对历史信息及价值的全面了解与评估，并在充分认识到各类保护措施对其价值的影响程度之后，再做出合理的选择。所谓真实性，即要求保持文化景观遗产的现状，尊重文化景观遗产在各个不同时期遗存的时代烙印，不能简单地恢复文化景观遗产的原始面貌，这在文化景观遗产保护中具有划时代的作用，其意义在于避免“复原性保护”和“美学修复”的误区。所谓完整性，则要求把文化景观遗产的各个部分作为一个整体看待，并包括文化景观遗产和背景环境的统一关系，即对于文化景观遗产来说，既不能臆断偏废，也不能拆分迁移。例如遗址类文化景观的观赏性不是一个孤立的问题，而是与考古遗址本身所承载的信息量、信息的表达方式、人们对文化信息的接受能力有关。因此，提高考古遗址观赏性的方法，一是充分挖掘考古遗址的文化信息，二是改善文化信息的接受能力。其中文化信息的挖掘需要依靠考古学家、历史学家以及相关学科的不懈努力；人们对文化信息接受能力的提高，则需要通过广泛的社会文化教育来实现，这两者都不是一朝一夕能做到的，需要长期持续不断地努力和大量基础研究作为支撑。

要积极寻求文化景观的可持续发展，这一概念首先应纳入文化景观遗产的管理程序，谋求新的建设与文化景观遗产之间的和谐与平衡。工业革命以前的城市发展具有渐进性，传统文化能够有效地指导城市建设，使城市空间和存量建筑保持着连续性，虽然建筑类型和风格也有某种程度的差异，但是在整体上往往表现出协调与呼应，为人们了解不同时期的城市发展提供了持续的例证。如今，由于城市化发展的速度日渐加快，城市规模不断扩大，城市建设与文化景观遗产保护之间的矛盾也异常突出。

因此，在城市发展项目的论证中，应将多学科的综合规划研究纳入土地利用规划和建筑环境管理过程。例如澳大利亚的众多城市，依托优越的土地资源条件，在生态思想的影响下，规划建设“自然中的城市”，城市绿地系统规划以河流、湿地为骨架，形成“楔向网状”的布局结构，使整个城市处于绿色环抱的自然环境之中。开展文化景观遗产保护规划研究，旨在对城市整体景观构成进行有意识的保护和引导。在一些城市则更多地表现为对区域景观的控制管理和对农地、山林的保护，其目的在于保护与文化景观遗产浑然一体的周边自然景观，以及能从城市生活中切身体验到城市周边的河流、山脉等自然景色。

我国敦煌莫高窟处于被戈壁沙漠包围的绿洲之中，风沙对莫高窟崖体和壁画的磨蚀，凝结水对壁画的损坏，游客数量持续增加对洞窟和壁画造成的伤害等，是保护中的难题，其环境中的不良因素也逐渐作用于石窟，造成潜在的和明显的保护隐患。近年来，敦煌研究院加大了保护监测的力度，监测的内容包括对莫高窟环境监测、洞窟文物本体监测、莫高窟安全防范监测、游客调查与监测等内容，科学的监测为莫高窟的保护、管理起到了积极的推进作用。同时，敦煌研究院利用不同时期的卫星图片进行比对，监测莫高窟保护范围内植被、人为建设活动的变化，为保护生态环境提供依据。大泉河流量、水质监测，莫高窟崖顶生物固沙林带，以及窟前林带灌溉水监测，莫高窟土壤水分监测等，为全面保护文化景观的自然环境做出了积极的探索。

老挝的琅勃拉邦列入《世界遗产名录》后，规定将寺庙的屋顶作为城市的最高点，即新建的建筑高度不得超过寺庙的高度，一般控制在 9 米以下。琅勃拉邦的绿化保护区还包括了 180 处鱼塘，这些鱼塘是在不同时代由土地主人所挖，对人们的日常生活具有历史与现实的作用，包括养鱼、种菜、蓄水等。因此，在该区域内不但要对鱼塘进行保护，而且还要改善鱼塘的环境，使它成为文化景观的重要组成部分[①]。

在我国文化遗产保护的国家层面，当前十分紧迫的任务是抓紧制定长城、大运河和丝绸之路等文化遗产的保护总体规划,这些巨型、线型文化遗产地域跨度大、年代跨度长，无论在保护理念上，还是在保护方法上，都具有较强的特殊性，通过保护规划所确立的制度和所具有的法律约束力，使这些文化遗产沿线的省、市、县各级政府和有关部门凝聚力量，在保护工作中更好地分工和合作。

近年来，将长城作为一项完整的文化遗产保护项目，纳入统一保护管理体制，成为军事类文化景观遗产保护工作的重要目标。在这一指导思想下，编制了《长城保护工程总体工作方案》，并随即进入全面实施。一是全面开展长城资源调查，努力摸清长城的长度、保存范围以及沿线的基本状况。二是制定长城保护专项法规，即在《长城保护条例》的法规框架下，逐步建立起完善的长城保护法规体系。三是编制《长城保护总体规划》，在对长城进行全面研究评估的基础上，

① 贝波再：《老挝古都琅勃拉邦城的遗产保护与发展》，载《城市规划》，2004(8)，70 页。

就保护区划、保护措施、相关环境治理和生态保护，以及展示开放、管理等方面，做出具有实际指导意义的规定。四是加强重点地段的长城抢险维修。五是加强长城保护科学研究，对长城保护理论和保护技术、长城管理体制和管理方式等相关问题进行深入研究。

从古代建筑到近代建筑，再到现代建筑，上海的城市文化有着丰富的历史积淀。上海近代建筑中最多的是里弄建筑，历经沧桑、留存至今。作为一种独特的建筑形式，上海里弄建筑群的产生、发展，是城市历史、城市形象的重要组成部分。被围合在传统街道内，低层坡顶，连片成群，密集布局的新老里弄建筑群，适应上海的气候特点和市民生活，成为城市独特的文化景观，构成了城市浓郁的底色。但是，在 20 世纪 90 年代以来的城市改造和房地产开发中，里弄建筑被大量拆除，成为城市快速发展的沉重代价。如今上海，高楼林立，现代化进程加速推进，然而，无论城市的面貌如何变化，这些建于上世纪前期的历史建筑，依然默默地诉说着上海的历史、社会、经济和文化。历经几十年甚至近百年的风雨，有些里弄建筑已经呈现出明显的老化和损坏现象。为了使这些优秀的里弄建筑延年益寿，重新焕发出新的风采。目前，上海市已经划定了 12 片风貌保护区，挂牌保护的优秀历史建筑有 2000 多栋，并陆续出台了有关保护条例、规定等，使包括里弄建筑在内的历史建筑的留存有了法律保证。近年来，通过修缮保护，这些里弄建筑成为上海城市历史的见证和无可替代的城市类文化景观。

文化景观遗产保护的实践证明，每一座文物建筑，只有坐落在建筑群体中才能获得它的完全价值，其价值远远大于它们被分离出来作为孤立个体所具有的价值。因为它们的某些价值存在于群体建筑的互相联系之中。每一栋建筑产生的原因、社会功能、形制、位置以及艺术表现力都和建筑群落息息相关，脱离了建筑群体环境，单体建筑往往就会失去多方面的意义和价值，它们就不会被充分理解。因此，对于历史文化街区，重在保护整体风貌。2002 年英国历史建筑和古迹委员会发表的报告《变化的伦敦：一个变化的世界中的古老城市》指出，“伦敦所有最繁华、最有吸引力的地方，那些人们最愿意居住、工作和参观的地方，是那些历史环境保持完整的地方”。

法国全国统计和经济研究所发表的研究报告指出，法国老房子价格在 1998 年至 2004 年间上涨了 70%，而同期法国居民收入只增加了 24%。该调查显示，巴黎的老房子房价蹿升尤其快，6 年间上涨了 83%[①]。据报载，北京文昌胡同 48 号是一座 550 多平方米的院落。这套晚清时期兴建的院子现在价值 3800 万。“这恐怕是唯一不受金融危机影响的房地产领域，每座院子都有几十个买家在考察”[②]。目前，各地传统民居的稀缺性，引发人们越来越浓厚的兴趣，而这些传统民居的真正价值不在物质而在文化。

过去，在江南乡镇网络中，13 世纪到 19 世纪的水乡古镇随处可见。但是 20 世纪 80 年代以来，随着社会经济的迅速发展，受到城市化的巨大冲击，大多数的水乡古镇文化景观和传统风貌不复存在。值得庆幸的是，西塘水乡古镇早在 1986 年，就及时编制了科学合理的乡镇规划，提出“保护古镇、开发新城”的思路，开辟了城镇新区，把医院、学校、政府机关、企事业单位、大型商场等功能置换到新区，优化了古镇功能布局结构。同时，开展了以保护传统风貌和改善居民生活质量为目标的综合整治，对流经古镇的河道进

---

① 流沙：《城市的自信》，载《人民日报》，2008-11-25（16）。
② 丁文亚：《四合院的经济账每年自然增值 20%》，载《北京晚报》，2009-04-19（18）。

行清淤，保证河道的畅通和水质的改善；对古镇区内 1300 米长的驳岸进行维修、整理；对被拆除或损坏的 9 座古桥进行修复或整治；采用原结构、原材料、原工艺的修缮方法，对沿河廊棚和房屋进行维修，使西塘古镇独有的传统风貌特色得以原汁原味保存；对沿街立面、路面等景观风貌进行整治，将电力、电信、有线电视等线路全面入地,并增设污水管道为居民享用现代卫生设施提供良好条件，使古镇风貌和居民生活条件得到了明显改观。如今，西塘水乡古镇面积近 2 平方公里，完好保存着 25 万平方米的明清古建筑群，是目前保存最完整，保存面积最大的水乡古镇，原汁原味地保留着千百年的人文信息和传统习俗，7000 多原住居民依然延续着千百年的传统生活方式。

上海市在工业遗产和产业类文化景观的保护方面，走在了全国的前列。由于工业生产、交通运输、给排水等条件和因素的影响，上海历史城区中心区的苏州河沿岸，集中了众多近代工业建筑。近年来，结合沿河地区的整治，依托其人文资源，以穿城而过的河道为轴线，修复沿岸厂房、仓库、商铺和码头，以及其他历史遗存，再现河道两岸传统风貌，形成工业建筑与河岸风光交相辉映的产业类文化景观带。如今苏州河沿岸 10 多处老工厂、旧仓库被改建成为艺术家工作室、画廊和创意园区。

有着 143 年历史的江南造船厂，将在原厂址建立规模空前的造船博物馆。据报道，2008 年 4 月江南造船博物馆正式开工建设，项目用地面积接近 5 万平方米。博物馆主体是江南造船厂的最大车间——压力容器车间，在保持老厂房主体结构的前提下，通过对其内部空间和外部立面重新设计，满足博物馆的展示功能要求，博物馆建筑面积将逾 3 万平方米，成为上海规模最大、面积最齐全的行业博物馆[1]。工业类文化景观既是见证上海工业文明与城市历史变迁的宝贵物质遗产，又是彰显城市个性和城市精神的非物质文化载体，更是上海城市历史文化底蕴的魅力所在、特色所在、根脉所系，对它们的保护具有整体性的战略意义。

与一般文化遗产的保护相比，工业遗产的保护更为关注的是对这些工业建筑物、构筑物进行适当的再利用，让它们重获生机。对工业遗产的保护与利用，国际上比较通行的做法是改建为专业博物馆，建设成为主题文化公园，作为区域历史陈列馆或文化艺术创意中心，或成为购物与旅游相结合的商业场所。无论哪种保护模式，都要因地制宜，从工业遗产本身的功能特征、建筑特点、文化特色等方面进行考虑。在尽可能地保留、保护其工业生产类建筑历史信息的前提下，注入新的空间元素、激发新的功能，不仅要使旧建筑留存下来，更重要的是要复苏工业建筑的生命力，使之能够融入当代城市生活之中。

2004 年 10 月，上海杨浦区利用滨江工业地带形成了滨江创意产业园。立足于保护滨江近代工业建筑群，充分体现其文化景观价值，规划建成集环境设计、建筑设计、工业设计、音像设计于一体的现代服务业基地。原来饱经沧桑的老工业厂房，已经变成设计沙龙、学术交流、创意展示等文化场所。在尊重原有空间形态和历史架构的前提下，将车间外墙、窗口、屋顶、钢筋混凝土结构全部保留，将整个厂房建筑内部空间视为社区开放空间，设计、办公、会议、图书等应用空间，则以“建筑中的建筑”的形式配置其中，在大型车间的特色空间中塑造出如同街道、广场一样的流动空间。

2005 年 4 月，上海公布了第一批 18 家创意产业集聚区，其中

---

① 丁波：《上海开建最大造船博物馆》，载《解放日报》，2008-04-04（9）。

如泰康路“田子坊”视觉创意设计基地、昌平路广告动漫影视基地、重庆南路“八号桥”、周家桥“创意之门”、西康路“同乐坊”等创意产业区，都是利用老厂房、旧仓库进行保护性改建利用的成功案例。尤其是原工部局宰牲厂宰牛场，建筑本身就极具上海老工业建筑特点，整个空间和厂房，按照牛的屠宰流程来设计，体现了生态和环保的理念意识，现在经过改造成为文化产业中心。莫干山路50号地块，过去曾是民族资本家荣氏家族、孙氏家族的工厂和仓库的聚集地。房地产开发商原想拆除这些老的建筑，但是由于艺术家和媒体的及时呼吁使这些工业建筑得以保留，避免了面目全非的大规模改造，成为有名的艺术仓库。

上钢十厂位于淮海西路570号，创建于1956年，1989年生产转型后一直处于闲置状态。2005年上海成功利用钢厂部分车间的特

意大利那不勒斯（2005年1月22日）

殊空间，建设城市雕塑艺术中心。这一城市公共环境艺术机构，利用原轧钢厂房，对长 180 米、宽 18~35 米的主体建筑进行保护性再利用，形成总建筑面积达 6280 平方米、目前国内最大的雕塑艺术馆，成为一处集展示交流、艺术创作、雕塑储备、普及教育于一体，具有开放性、国际性、公益性的文化空间。

20 世纪 70 年代，法国色彩学家 J.P. 朗克洛（J.P.Lenclos）提出“色彩地理学”的概念，认为自然地理和人文地理两方面的因素共同决定了一个地区或城市的色彩。1968 年，法国巴黎规划部门完成了对巴黎地区城市色彩的规划调整，形成奶酪色和深灰色的城市色彩基调，给巴黎城市文化形象带来了广泛的赞誉。同时，巴黎新城则以灰色为主色调，工业时代特征明显。日本也于 1981 年，以立法的形式推出“城市空间的色彩规划”法案，规定色彩专项设计作为城市规划或建筑设计的最后一个环节，必须得到由专家组成的委员会的批准，整个规划或设计才能生效实施。

世界上许多历史性城市长期追求色调上的和谐统一，取得明显的效果。例如在意大利，著名山城锡耶纳的城市主色调为红色；热那亚的城市主色调为黑白色；水城威尼斯的城市主色调为金色；佛罗伦萨的城市主色调丰富多彩，搭配和谐，具有很强的整体感；而以橙黄色系与橙红色系为基调色的罗马老城，则很好地保存了岁月遗留的最具历史厚度与魅力的色彩。在德国，历史城区和传统乡镇往往以红砖色和原木色为主，而工业区以蓝灰白系列为主。科学有序的城市色彩规划实施，使许多城市拥有了个性鲜明，和谐统一，赏心悦目的城市文化景观，也为这些城市带来了难以估量的无形资产。

文化的“软实力”是历史性城市的核心竞争力，文化景观遗产则是其中最具独特性的比较优势，既不能模仿，也无法复制。在城市文化景观中城市色彩是最活跃的因素之一。城市色彩直接诉说着城市历史对于今天的文化意义,使市民直接体会到城市的文化精神。在某种意义上，城市色彩体现着城市的个性，体现着城市的形象，体现着城市文明的发展程度。“人们对城市形象的把握极大地借助于其色彩的构成，当我们一提起某些富有特色的城市，相伴而来的就是对该城市或凝重、或浪漫、或明快等印象的色彩联想，良好的城市色彩构成能使居于其中的人们得到愉悦的视觉享受，反之则会带来视觉环境污染。不同城市的色彩构成还反映出不同的文化背景，这能从世界范围内不同地域的城市形象中得到印证”[①]。

城市色彩的美感建立在和谐的秩序之上，这种和谐应体现于城市环境中的统一与变化的关系之中。在城市中，以往的传统建筑由于取材于自然，取材于当地，因此受到稳定而持久的文化观念、伦理习俗的影响，能够获得协调的色彩效果，并为当地民众所接受和延续。和谐的城市色彩可以使人们身心愉悦，有利于营造文明、健康、稳定、和谐的生活工作环境，有利于提升整个城市的形象品位，对大众的文化审美水平起着潜移默化的作用，并使人们对于自己生存的城市产生荣誉感和责任感。

事实上，我国众多历史文化名城的城市色彩也曾经非常鲜明，不少城市建筑群的主色调也富有特色。例如北京以大面积青砖灰瓦的四合院传统民居，烘托着红墙黄瓦的巍峨宫殿建筑群；苏州一直保持着“黑、白、灰”的城市色彩，有粉白墙、黛黑瓦、青石桥等文化载体的支撑；青岛则以“红瓦、黄墙、绿树、碧海、蓝天、白云”而著称于世。著名作家张抗抗对城市色彩有着深刻的文化感悟，她从哈尔滨的城市色彩中看到了这座城市的文化追求和文化理想，

① 胡春明：《色彩：城市的霓裳》，载《中国建设报》，2009-07-16（6）。

“有人说哈尔滨是一座米黄色的城市——那样温暖和抒情的米黄色，在冰雪中是火焰，在绿树间是阳光，它在那些灰色的、黑色的或是完全没有颜色的无数个城市中，显得那么与众不同，一种多汁而多元的文化气氛，从那澄澈的米黄色中流泻出来”[①]。

目前，越来越多的城市开始对自己的城市色彩进行理性思考，深入研究和审慎定位。例如无锡选择城市整体色调为清新淡雅的浅色调；成都考虑当地气候及自然环境选择了复合灰颜色；石家庄将米黄、微红暖色调作为城市主色调；长沙将城市主色调定位为灰色、土黄色和赭石色；重庆主城区的城市色彩则以淡雅明快的暖灰为主，并辅以局部冷灰色调。

城市雕塑是20世纪80年代初，以刘开渠先生等为代表的一代老雕塑家提出的新概念。在城市雕塑兴起初期阶段，艺术家们满怀艺术热情和精品意识，创作了大批质量很高的城市雕塑，这些作品丰富了城市的文化特色和市民的文化生活，也使我国的城市雕塑开始具有了自己体系，形成既区别于前苏联的纪念碑雕塑，又区别于西方的公共艺术概念的中国特色。城市雕塑作为一种环境艺术，强调城市空间的独特性，其实也是在强调城市的个性，强调城市的文脉。一座城市雕塑是不是成功，要看它与城市空间的相互关系，城市空间包含了城市的特殊性，例如城市的独特区位、历史事件、民众心理、社会习俗、城市建筑、文化景观等，这些内容都体现于城市文化空间。

城市雕塑创作不能只讲“普通话”，更重要的是讲“方言”。历史背景、地域特征、民族文化都应成为今天城市雕塑创作的时代背景。“城市雕塑不能一哄而上，搞大跃进，‘可持续发展’应该是城市雕塑建设原则，也是城市雕塑科学的发展观。城市的空间就

① 范源：《城市的颜色》，载《中国建设报》，2009-07-16（6）。

这么大，空地就这么多，我们还要为后人留下发展空间，不能目光短浅，像进行填空竞赛一样，把城市空间都塞满”[①]。因此，每一座城市均应紧密结合自身的文化传统和城市空间环境，根据民众的文化与审美需求，结合建筑、道路、公园的规划建设，进行空间艺术设计，综合、审慎、有序地规划建设城市雕塑。

近年来，一些城市在绿化工程中，青睐外来树种，排挤本土植物，甚至不计成本，动员巨大人力、财力，在偌大的城市广场上，铺设进口的草坪，引进昂贵的热带树种，从深山密林移来大树，希望它们能为城市景观增光添彩，以至于在城市中心区不少当地树种几尽绝迹。但是，辽宁省锦州市近年来在城市绿化中注重科学建绿，大规模应用本土植物品种，既美化了城市，又维护了文化景观，还节省了大量财政支出。他们认为人们最希望看到的是当地的乡土树木、浅水绿草、自然野趣，城市绿化并不需要花费大量人力物力引进、栽植外地名贵的树种，只要在城市公园和广场中合理选用本地花草树木，把本土的传统植物搭配好、维护好、利用好，物尽其用，城市绿化同样能够做得精彩。于是他们通过研究遴选出50余个乡土品种，把这些看似不起眼的乡土树木、花草请到了城市中来，不但取得了良好的绿化效果，而且每年降低绿化成本1000余万元[②]。

事实上，生态基础设施从本质上讲是城市所依赖的自然系统，是城市及其居民能持续地获得生态服务的基础，这些生态服务不仅包括城市绿地系统，而且包括一切能够提供生态服务的绿色空间，例如森林生态系统、农田保护系统等，还包括能够提供新鲜空气的休闲娱乐空间。

---

① 孔德芳：《城市雕塑：要说出自己的方言》，载《文化月刊》，2008（8），16页。
② 吴学安：《城市绿化要戒奢侈之风》，载《中国建设报》，2009-07-16（4）。

把握文化景观遗产保护发展趋势[①]

（2010年1月）

几十年来，从席卷全球的世界大战到东西方之间的冷战，从超级大国的霸权到民族独立的浪潮，从欧洲中心主义到多元文化并存，激烈动荡的世界始终在对立与对话中寻求和解。风云变幻的世界文化格局，猛烈地冲击着人们的生活和精神家园，也改变着文化景观

俄罗斯莫斯科谢尔吉圣三一大修道院环境景观（2007年10月30日）

① 单霁翔：《走进文化景观遗产的世界》，天津，天津大学出版社，2010。

和人们对文化景观的认知。从工业化、城市化到全球化，不仅带来生产和生活方式的改变，而且带来思想和文化的碰撞，更使保护传统文化、民族文化、地域文化迫在眉睫。同时，随着原有社会结构的解体，生存环境的改变，对自然生态的向往、对传统生活的依恋，也逐渐成为社会风尚。文化遗产保护对象的变迁离不开社会文化思潮的演变。尤其在经济、政治、社会、文化和科技都在迅猛发展的今天，世界正在经历着前所未有的激烈变化，对文化景观遗产的保护理念必然产生深刻影响。随着文化遗产保护理念的进步和视野的扩大，现行的文化与自然遗产、可移动与不可移动遗产、物质与非物质遗产保护框架之间的壁垒必将被逐渐打破，将直接影响到对文化景观遗产价值的理解和评估，也就必然影响对其保护理念与方法的深化。因此，必须认清文化景观遗产核心价值，调整文化遗产保护的框架，才能创造更加广阔和适用的平台，使文化景观遗产在未

埃及阿斯旺水库（2010 年 10 月 12 日）

来实现更加有效的保护。

在文化景观遗产的保护方面，已经从重视现已失去原初和历史过程中使用功能的古遗址、石窟寺等“静态遗产”的保护，向同时重视仍保持着原初或历史过程中的使用功能的历史文化街区、历史文化村镇等“动态遗产”和“活态遗产”保护的方向发展，体现出文化遗产的保护范围和内涵正在向生活空间不断扩大和渗透的趋势。“静态遗产”是历史上一定时期的遗存，是历史的化石而不可能再生。人们不可能再回到诞生这些文化遗产的历史环境中去再塑造它。但是“动态遗产”和“活态遗产”恰恰相反，它们是活在人们现实生活中的文化遗产类型，必须延续它们的生命历程和生活习俗。生命历程不延续这些文化遗产就将自动衰亡，生活习俗不传承这些文化遗产就将快速消失，只有生命和生活存在，“动态遗产”和“活态遗产”才能持续存在。通过调查可以发现，遍布城乡的历史文化街区、历史文化村镇中大部分的传统建筑都在被使用，如果将其从生活中割裂出来，并不能达到很好的保护效果。对于它们的保护应该是积极的、动态的和可持续的，保护并不是要冻结这些文化遗产的现状，而是要让它们融入现代生活之中，继续发挥功能作用，这也是继承和延续传统文化、民族文化、地域文化，实现文化遗产保护可持续发展的必然选择。

近年来，在文化遗产的保护性质方面，从重视皇家宫殿、帝王陵寝、庙堂建筑、纪念性史迹等重要史迹及代表性建筑的保护，向同时重视反映普通民众生活方式的“民间文化遗产”，例如“传统民居”“乡土建筑”“老字号遗产”以及“与人类有关的所有领域”的文化遗产保护的方向发展。“面对日趋失去特色的传统城市与街区，尽快把那些失掉了相互联系性，并已失去活力的城市要素进行调查、分析，把各部分组成单元与特色要素统一、整合起来，重现传统景观的“历史性”与“渐变性”等主旋律特征（不是简单的复古），延续历史的文脉，维护持续的演变，以体现城市的永久发展”[①]。目前，许多城市陆续将具有一般文化意义，但是见证了社会经济发展的历史街区、传统民居、乡土建筑列为保护对象，这是社会进步和人类文化遗产认识水平不断提高的体现。例如2003年7月北京市开始对四合院挂牌保护，挂牌保护“现状条件较好，格局基本完整，建筑风格尚存，形成一定规模，具有保留价值”的四合院658处，使北京旧城区内保存较好的一些四合院得到保护。对于这些历史街区和传统民居的保护，在本质上是对真实生活世界的尊重，是把文化遗产保护看做一个渐进的过程，而不是一蹴而就的结果。

吴良镛教授在《人居环境科学导论》中指出：“我们的着眼点不能仅停留在一些风景名胜和震撼人心的地貌上，而应该同等对待大地的不同角落，作为自然的一员赖以生存的‘自然环境’和作为人们文化精神所寄托的‘人文环境’”[②]。从维也纳会议以来，关于文化遗产环境与城市景观的定义处于不断发展之中，特别是《西安宣言》将文化遗产的保护范围扩大到了“环境”，包含了物质与非物质遗产、文化与自然遗产的更广泛的内涵。宣言认为文化遗产环境的涵义有三点：第一，环境的自身物质实体和人们对这个环境的视觉印象；第二，文化遗产与周边自然环境的相互作用；第三，遗产环境的文化背景及与该遗产相关的社会活动、习俗、传统知识等非物质文化遗产形式。宣言指出不同规模的历史建筑、古遗址或历史地区，包括建筑个体、规划空间、历史城镇、陆地景观、海洋

① 王紫雯，王媛：《城市传统景观特质的整体性分析研究》，载《城市规划》，2004（7），16页。
② 吴良镛：《人居环境科学导论》，151页，北京，中国建筑工业出版社，2001。

景观、文化线路和考古遗址，其重要性和独特性来自于人们所理解的其社会、精神、历史、艺术、审美、自然、科学或其他文化价值，也来自于它们与其物质的、视觉的、精神的以及其他文化的背景和环境之间的重要联系。宣言强调理解、记录和阐释环境，对于界定和评价任何建筑、遗址或地区的遗产价值十分重要，对环境的充分理解需要多学科知识和利用各种不同的信息资源。

文化遗产的环境是指涵盖遗产内部的与外部的、个体的与相互的、历史的与现在的、物质的与非物质的复合的客观存在，以及多方面的相互关系。一处优秀的文化景观必然拥有良好的环境，而一处良好的环境却可能因为缺少文化内涵，而不能成为优秀的文化景观。一方面，人们普遍认为，单体的文物固然重要，有着文化生态意义的环境同样重要，整体性的文化景观提供给人们的精神记忆更加强烈，因此，保护文化遗产必须注重其背景环境的妥善保护。另一方面，对于文化遗产环境的认识不断深化，不仅包括环境的自身物质实体和人们对这个环境的视觉印象；也包括文化遗产与周边自然环境的相互作用；还包括文化遗产环境的文化背景及与之相关的社会活动、地方习俗、传统知识等非物质文化遗产形式，即由以往保护文化遗产周围的物质环境，扩大到保护文化遗产周边的自然环境，再扩大到保护文化遗产的文化背景以及与之相关的非物质文化遗产。总之，文化景观遗产并非单体文物形式的简单叠加，而是以区域文化空间形式存在，文化遗产的内涵更加丰富，环境质量要求更高，价值和影响力更大。因此，实施文化景观遗产保护，必须建立在系统的、区域的、综合的研究成果之上，从而获得一种更加有效的集合力量。

今天人们认识到，一座座金碧辉煌的宫殿、一条条历史悠久的城市街道，是文化景观，而一片片绿油油的稻田、一条条日夜奔流的运河、一座座炊烟袅袅的村庄，同样也是文化景观，而且这种文化景观更多地散发着人地和谐的景象，具有深厚的美学价值和精神价值。乡村类文化景观是在一个特定的地域范围内，在相对独立的社区群体中，仍然保持和延续着包括建筑、语言、服饰、饮食、工艺、知识、信仰、道德、法律、风俗，以及生活能力在内的，相对比较完整的文化形态。这样的社区群体拥有原生态的、唯一性的、独具特色的传统文化，往往保存得异常丰富多彩。人们所活动地域的自然条件不同，获取生活资料的方法不同，他们的生活方式也必然各具特色。这些乡村类文化景观创造出符合当地风土人情的生态环境，综合运用地理、气候等自然条件，保持村庄内部以及周围的绿色生态环境。在乡村类文化景观中，最基本的要素是传统民居。这些传统民居建造于不同自然环境和文化背景之中，不同民族、不同地域的传统民居千姿百态，是人们识别不同乡村类文化景观的重要标识。这些传统民居重视利用自然的光和热，并通过传统的自然通风、隔热等手段，创造舒适的人居环境，其实用性与地域美，都是当地民众千百年来的文化创造。今天，这些村庄的规划建设和民居建造，如果背离历史文化之根另搞一套，就必然造成对文化景观和历史文脉的伤害与破坏。

美国城市规划学者 S.C. 布拉萨（S.C.Bourassa）在 2008 年出版的《景观美学》一书中指出，中国“具有悠久而独特的尊重自然和景观的历史。在这个传统中，人被视为自然的一部分。山水和具有其他特征的自然景观具有神圣的品质，它们需要得到保护。景观和城市设计必须尊重自然。在古代，中国城市被非常小心地安排得与景观融为一体”[①]。我国众多文化景观遗产是体现人类与自然完美

① S.C. 布拉萨：《景观美学》，彭锋，译，3 页，北京，北京大学出版社，2008。

融合的极为重要的文化遗存，历来被视为东方传统文化的象征与典范。它们最初往往得自于天然造化，自然赋予了它们或雄浑奇伟、或秀美清雅的独特美景，历来为人们所赞赏和称颂。在千百年的文化演变过程中，这些文化景观遗产蕴涵了极为深厚的历史文化，与其有关的物质遗存和精神遗产难以计数，影响深远。例如我国甘肃的河西走廊，曾经是从欧洲、西亚、中亚和印度通往东亚的交通要道，是历史上移民、通商和战争最频繁的地区，经历了许多复杂纷繁的文化交流，遗留下大量独特的文化景观遗产。正因为这些文化景观在观念上的高度开放性，在内涵上的高度融合性，才使丝绸之路上的众多文化景观遗产，在经历了一次次具有整体性大破坏的战争、旷日持久的社会动乱、严重的自然灾害之后，能够逐渐修复创伤，依然保持旺盛活力，延续其特有的风貌特征。这充分体现出我国传统文化内在的神奇力量，表现出文化景观遗产强大的生命力。

文化景观是一个生命系统，由多种文化与自然要素所构成，而其生命力就在于它的丰富多样性。文化景观的多样性对人类生存和发展具有重要价值，它使人们有可能多方面、多层次地持续利用文化与自然资源，为人类的生存环境提供保障，丧失文化景观的多样性，必然引起人类生存与发展的根本危机。2008 年 9 月，第 16 届国际古迹遗址理事会会议，通过了日本革丙之浦文化景观保护问题的决议。考虑到革丙之浦作为一个历史港口城镇，拥有建于 15 世纪的庙宇、典型的 18 世纪街道和商人住宅，石质港口设施和极其优美的海边景色，具有突出的文化遗产价值。会议决议认为革丙之浦的港口、城镇和景观是一个具有国际意义的独特整体，不能孤立看待，对其保护应该涵盖周边海域、岛屿和山脉的视觉景观环境，并考虑到它作为港口的历史角色，包括它的功能，尤其是作为联系日本和韩国的文化线路的一部分的功能。因此，国际古迹遗址理事会会议敦促日本政府暂停广岛市政府和福冈市政府的架桥项目，并要求广岛、福冈两市政府尊重革丙之浦的港口、城镇和文化景观作为一个不可分割的整体的价值，收回向国土、基础设施、交通和旅游部门的申请，重新考虑对这一独特的文化景观遗产整体不造成任何损害的其他可行方案[①]。

文化景观遗产作为一种文化资源，承载着大量人类文化和文明的信息，是人类文明传承发展的见证。一方面，文化景观遗产存在稀缺性。由于文化景观是历史时期人类各种活动在自然环境中的痕迹，这些活动的痕迹保存至今经历了相当长的时间，大部分已经被自然和人类所破坏，留下的只是其中的很少部分，其数量极其有限。随着时间的推移、自然的风化、人类经济活动的影响，文化景观遗产保存的完好程度不断下降，数量不断减少。另一方面，要保持文化景观遗产在时代变迁中的生命力。文化景观在时代的前行中，其变化是必然的、常态的，这种流动的过程也正是文化景观具有活力和生命力的表现。文化景观与人类活动密切相关，对随时都在变化和动态中的人与自然进行合理的规划、保护和管理，是文化景观遗产保护的重要课题。文化景观遗产不仅具有历史价值，更重要的是它对人类的现实和未来具有的深刻启示和指导意义。文化景观遗产的保护如果只停留在一处处具体的物质单体上，伴随城市的发展和环境的变迁，其整体性就将被割断，这一处处物质单体必将被沦为一处处文化“孤岛”，散布于城市环境之中，既渺小，又不协调，失去了文化景观往日的尊严，失去应有尊严的文化景观遗产将难以

① 《2008年国际古迹遗址理事会第16届大会综述》，见《国际古迹遗址理事会第16届大会特刊》，1页，非正式出版物。

焕发活力，也难以发挥出应有的价值和作用。

北京的城市中轴线，被认为是世界城市建设史上的一个奇迹。从永定门到钟鼓楼7.8公里的传统中轴线，“就像北京的一条文化血管，里面流淌的是一种北京的特有血液”。随着北京城市发展，中轴线不断向北延伸，特别是2008年奥运会在北京举办，在中轴线的北端建成奥林匹克公园，包括国家文化体育中心与国家森林公园，它的整体布局、空间组织、建筑造型，都对北京的城市文化景观产生了重要影响。北中轴线在新的时代确立了独特的城市文化气质，与南部传统中轴线形成时空上的衔接和呼应，共同构成世界上最成功的城市文化轴线和建筑艺术轴线。奥林匹克公园主山和主湖位于奥林匹克森林公园南区，主湖区占地面积28.74公顷，略少于什刹海水域面积。主峰为48米，占地面积约为42.4公顷。主峰、主湖的名称经过详细推敲得以确定，主峰名为仰山，主湖名为奥海。明清的皇城以“景山”为屏障，21世纪新北京的中轴线则以奥林匹克森林公园主峰为新的屏障。北京奥运会，使人们重新审视城市中轴线的价值，审视中华传统文化的价值，审视城市的今天和未来。“四合院和鸟巢共存，传统和现代同在，让北京不仅成为数百年前《马可·波罗游记》记载、流传全世界的纸上的永恒之城，更成为21世纪人类现实中的永恒之城”[①]。

从北京传统中轴线的发展与变迁中可以得到启示，对于众多历史性城市来说，在继承了文化景观遗产的同时，需要仔细了解它们的历史渊源，对保护状况进行深入分析，认识其过去的作用和今天的价值，加深对其在城市营建体系中独特作用的理解，这样才能在未来的城市发展中，切实保护文化景观遗产的传统精髓和精神实质。

① 李斌：《让北京成为一座永恒之城》，载《中国建设报》，2008-08-19（3）。

“不同于针对纪念物、建筑群、遗址而采用的传统的类似于博物馆保存、展示的方式，文化景观的保护更强调保护对象生命功能的延续性，即保护、保持文化景观的生命力和原有功能。由于对文化景观的保护涉及对自然环境和人工创造物的共同保护，这对保护工作提出了更高的要求”①。在文化景观遗产的保护中，要以人为核心去探索可持续发展的规律与途径，建立人、自然、文化的和谐关系。2002 年以来，杭州连续多年实施西湖综合保护工程，实现“还湖于民”。西湖核心区内常住人口减少 7000 余人，水域面积扩大，景观绿地增加，使“一湖两塔三岛三堤”的西湖全景重返人间，取得明显的生态效益和景观效益。通过综合保护实践充分证明，保护西湖，不仅仅是保护已有的景点、景区，不是就事论事，而是立足高远，着眼于西湖文化景观的全面通盘考虑。“要用几何级数的眼光看问题，而不能简单地用加减法来看问题”。

世纪之交，保护非物质文化遗产取得广泛的共识。2003 年 10 月，联合国教科文组织第 32 届大会通过了《保护非物质文化遗产公约》，这是迄今为止联合国有关非物质文化遗产保护最重要的文件。该组织在呼吁保护一般意义上的非物质文化遗产的同时，也注意到文化遗产整体环境的保护，在公约中关于非物质文化遗产的定义里，曾经出现了一个重要的概念，即“文化空间”。无论是“一个集中举行流行和传统文化活动的场所，或一段通常定期举行特定活动的时间”，都分别可以看做一种内涵丰富、形式独特的“文化空间”。“文化空间”是指传统的或民间的文化表达方式有规律性进行的地方或一系列地方。这些文化空间兼具空间性、时间性、文化性，为三位一体的文化形式。当时，设立文化空间的目的表明，仅仅对文

① 吕舟：《第六批国保单位公布后的思考》，载《中国文物报》，2006-08-18（5）。

化遗产进行原状保护或是生态保护是不够的，还要大力保护这种特殊文化的存在空间，维持社区文化的存在环境，通过扶持、指导，使当地的礼仪、习俗等民俗传统文化继续保持在人们的生活方式中，在现实生活中自然传承和发扬。但是，关于文化空间的定义始终存在一些争议，以至于目前停止进一步的应用。然而，“文化空间”所表明的基本理念，在今天看来无疑仍然是正确的。

随着“文物保护”走向“文化遗产保护”步伐的加快，我国在文化遗产的保护形态方面，也从重视“物质要素”的文化遗产保护，向同时重视由“物质要素”与“非物质要素”结合而形成的文化遗产保护的方向发展。人们越来越认识到，物质与非物质文化遗产的区分只是其文化的载体不同，二者所反映的文化元素仍然是统一和不可分割的。非物质文化遗产往往属于精神领域，精神领域的内容也是客观而真实的存在，但是，它要展示出来、传承下去，就往往要依靠物质形式。所以非物质文化遗产的被感知、被保护，往往有一个物质化的收藏、研究、展示过程，即非物质文化遗产与物质文化遗产相互印证、相互支撑、相互融合的过程。因此，物质和非物质文化遗产必然是互为表里。“物质文化遗产记忆的是传统中的文化，而非物质文化遗产保持的是文化中的传统”[①]。同样，在文化景观保护领域，物质文化景观要素与非物质文化景观要素之间有着“内在的相互依存关系”，人类的创造力和审美力是非物质的，而其表现形式必然是物质的，两者不可分割。因此，要保护文化景观遗产的恒久魅力与传统精神，必须实现二者的统一。无论是城市类文化景观、乡村类文化景观、山水类文化景观和遗址类文化景观等不同地理形态的文化景观，还是宗教类文化景观、民俗类文化景观、产业类文

① 苏东海：《建立广义文化遗产理论的困境》，载《中国文物报》，2006-09-08（5）。

化景观和军事类文化景观等不同内容性质的文化景观，在着力保护物质文化遗产载体的同时，均应重视发掘和保存其蕴涵的精神价值、思想观念和生产生活方式等非物质文化遗产，必须更积极地探索物质与非物质文化遗产保护相结合的科学方式和有效途径。

在我国城市化加速发展的背景下，保护和传承非物质文化遗产，成为新时期文化遗产保护的重要课题。面对这一紧迫任务，我国非物质文化遗产的保护正在积极开展，通过摸清家底、建立制度、科学研究、形成机制，克服“重申报、轻保护”“重开发、轻管理”，随意滥用、机械复制、过度开发非物质文化遗产的现象发生，使保护工作不断推进。物质文化遗产与非物质文化遗产同属于文化现象，这是它们之间同质的方面，但是文化遗产存在的形式却具有较大的差异性。今天，人们对非物质文化遗产的关注和兴趣与日俱增。非物质文化遗产在不同程度地依附于物质文化遗产的同时，也给物质文化遗产以更生动的展示，延续着不同族群人们特有的传统文明，体现着生存与进步的价值与活力。因此，文化遗产往往在精神的层面上具有更加重要的价值。近年来，将文化遗产的内容由物质的、有形的、静态的，伸延到非物质的、无形的、动态的，显示了当今人类对于文化遗产认识的进步。但是，认识、抢救与保护非物质文化遗产，并使之与物质文化遗产事业统筹一致，在当前尚处于起步阶段。无论是基本概念的界定，还是保护准则的研制，以及传承人制度的设立等等，都在积极探索、求证和尝试，还不能标示这一新兴事业已经步入成熟，但是其魅力无限的发展前景则已展现。

非物质文化遗产广泛地存在于人们的生产生活当中，渗透在社会的方方面面，以鲜活的生产方式和流动的传承方式为基本特征，形成了生产传承的整体。不同的地域和族群，拥有不同的非物质文化遗产资源，在一些地区至今仍然保留着相对完整的传统艺术表现形式和原始的民风民俗，与周围的环境密不可分，形成一种独特的文化空间，成为人们生活的一部分。非物质文化遗产需要一代又一代、由那些将民族文化溶入血液的民众，用心灵及情感来传承。此时，非物质文化遗产已经不再是简单的一种手艺、一方习俗，而是一种地域文化，一种人们对故土的眷念和对祖先的崇敬。但是，随着经济的发展和外来文化的侵入，许多地方原有的非物质文化遗产逐步变异甚至消失，有一部分濒临消亡的重要的传统技艺、艺术表现形式，如果不及时进行抢救性记录和传承，将可能出现人亡艺绝，永远失去民族的记忆。为此，2006年至2008年，国务院先后公布了两批“国家级非物质文化遗产名录”和“国家级非物质文化遗产项目代表性传承人”，其中“传统技艺”类项目共有186项传统手工技艺和78位代表性传承人。建立名录和认定项目代表性传承人的工作，为传统技艺保护工作全面而深入地开展奠定了基础。

在文化生态环境日益遭受经济全球化冲击的情况下，非物质文化遗产保护的关键在于切实地维护文化差异性。活态流变性是传统技艺类非物质文化遗产的重要特征。在长期的劳动实践中形成和发展的传统技艺，其技术内涵和文化属性，也只有在劳动实践的具体活动中才能得到展现和传承。因此，传统技艺的保护不应该是僵化的“消极保护”，而需要在不违背传统技艺内在传承规律的前提下，予以“积极保护”。我国丰富的非物质文化遗产是无比珍贵的文化资源，可以在合理利用中转化为文化生产力。扶持传统手工产业，振兴传统技艺，是推动非物质文化遗产保护由“消极保护”向“积极保护”转变的重大实践。针对我国的国情，扶持传统手工产业不仅关系非物质文化遗产的保护，还有着社会、民生等方面的诸多现实利益和长远利益。这些利益包括利用当地可再生资源、保护自然生态环境；发挥人力资源优势，扩大就业渠道；安民于本土，维护社会稳定；利用传统文化资源，发展各色文化产业；造就民俗类文化景观，促进文化旅游发展；丰富产品形态、满足个性化需求等。以传统技艺为支撑的手工产业投资小、见效快、布局广，可以成为发挥城乡协调发展，拉动内需，抵御国际金融危机影响，保障和改善民生的积极力量[①]。同时，在振兴传统技艺的过程中，应该格外关注和珍惜蕴含在手工产品中的情感内涵,使它们更为人们所珍爱，拥有更持久的生命力。

如果说物质文化遗产与一些历史、社会事件紧密相连的话，非物质文化遗产则和民众的生活记忆密切相关，它们共同组成文化遗产的整体，并在民众的物质和精神生活中深深地扎根。其中物质文化遗产是现存的或已废弃的文化现场及其遗存，不仅具有深刻的文化内涵，而且由于一些不可移动文物处于原址，具有更强的有机性和相关性，是人们了解传统文化的理想载体；而非物质文化遗产与人们的记忆以及文化传统相联系，使文化及民族精神代代相传，无论是生活方式、居住形式，还是饮食文化、节庆习俗等都具有很强的文化传承作用。物质文化遗产是看得见、摸得着的，是实体。比如文物器物、经典古籍、文化遗址、历史建筑等。非物质文化遗产则广泛得多，有时是看得见却摸不着；有时甚至看不见也摸不着。这中间包括民间习俗、民间文学、民间艺术、民间技艺等。同时，与那些物态化的文化遗产相比，它们是活态的、非物质的、口头或行动传承的，往往更能体现出人的存在价值，也更容易消逝。因此可以说，保护物质文化遗产与保护非物质文化遗产具有同等重要的

① 翟群：《生产性保护是非遗传承的重要途径》，载《中国文化报》，2010-06-19（1）。

意义。从文化遗产存在形态来看，非物质文化遗产包含着较多随时代变迁和人群迁徙，而易于湮没的文化记忆，因此更加具有保护的紧迫性。

今天，出于对自身命运的关切，人们开始认识到，必须认真思考人类生存与发展更加长期和更加根本的问题。追寻“我从何处来”，为的是明确“我向何处去”。文化景观遗产代表着自然与人类的共同结晶，展示出自然环境与人类创造共同作用下的社会变迁，指引着未来人类与环境和谐发展的方向,关系到人类社会的可持续发展。费孝通先生于10余年前率先提出“文化自觉”，文化自觉是指生活在一定文化中的人，对自己的文化有“自知之明”，即明白它的来历、形成过程、特色和发展趋向，从而增强自身文化转型的能力，并获得在新的时代条件下进行文化选择的能力和地位。此外，应具有世界眼光，能够理解别的民族的文化，增强与不同文化之间接触、对话、相处的能力。在这里，文化自觉是指对本民族文化的起源、形成、演变、特质和发展趋势的理性把握，以及对本民族文化与其他民族文化关系的理性把握。同时，费孝通先生还指出：“人文资源是人类从最早的文明开始一点一点地积累、不断地延续和建造起来的。它是人类的历史、人类的文化、人类的艺术，是我们老祖宗留给我们的财富。人文资源虽然包括很广，但概括起来可以这么说：人类通过文化的创造，留下来的、可以供人类继续发展的文化基础，就叫人文资源。”

纵观文化遗产保护与自然遗产保护的发展历程，随着保护理念的演进，保护对象的深度和广度都在不断扩展。总体来说，在文化方面，经历了由文物、遗址、历史建筑，到历史文化街区、历史文化村镇、历史文化名城，再到文化线路、文化景观以及非物质文化遗产的持续拓展；在自然方面，则经历了由风景名胜、国家公园，到自然保护区、生物圈，再到物种遗产网络的持续拓展。文化遗产保护与自然遗产保护的核心价值也不断深化，经历了保护视觉美学价值、历史文化信息、生物多样性和文化多样性、再到人类与自然的和谐关系的持续拓展。在这一过程中，文化景观遗产以其非凡的精神世界的意义，帮助人类建立历史的坐标，认识生命的意义。文化景观遗产是人类的文化积累和文化创造，它不是今天才出现在人们的生活中,而是自古以来就已经存在。但是将其作为整体保护对象，则是文化遗产保护理念的进步。文化景观遗产保护的提出和深入发展，预示着跨越文化遗产和自然遗产界限、可移动和不可移动文物界限、物质和非物质遗产界限的广义的保护时代已经到来，并正在担负起保持和发展人类生存环境,传承和塑造人类精神的重要作用，具有极其深远的意义。

近年来，人们还在积极探讨原生态文化问题。所谓原生态文化，是借用了自然地理和环境科学的一种概念。原生态就是自然状态下的、未受或较少受到人为人工影响和干扰的原始生态或生态原状。原生态文化一词的出现，首先基于文化具有生态性的理解。文化的生态性主要表现在从地理、环境、自然、地域的角度来看待文化。由此海洋、内陆、高山、平原、森林、草原、热带、寒带、温带、潮湿、干旱等等，都会产生迥然相异的文化，在人文地理视野中的文化就是多样性的文化。自然生态与文化生态密切关联，“没有森林，狩猎文化就无所依托；草原沙化或消失，游牧文化就失去了游走的自由；大象濒危，象牙雕刻自然式微；河流干涸，渔人自然绝迹，渔歌无从唱响……”因此，“文化的多样性依赖于自然与物种的多样性，依赖于原生态的自然环境。原生态文化是来自于大自然的文化，是前工业时代的、自然的、野生的、乡村的、朴拙的、边远地区的、非城市化的、非市井的、非商业化的文化”[①]。原生态文化，其基本内涵包括：具有自然生态性，是民族民间的文化，是民族的、地域的、传统的文化，是与乡土环境、人文历史、民间习俗融为一体的文化，是非职业非专业的文化，是非城市化非商业化的文化。在原生态文化保护方面，更为重要的还在于真正把自然遗产与文化遗产资源整合起来。事实上，生物丰富多样性地区往往也是文化丰富多样性地区。在今天全球化的背景下，这些地区“自然与人联合工程”的传统知识，必须格外得到珍视。

① 向云驹：《原生态文化是生活中的文化》，载《中国艺术报》，2007-06-15（6）。

深化文化景观遗产保护专项规划

（2010年1月）

文化景观遗产保护规划不仅是文化遗产保护领域的新课题，更是现代城市规划与管理所面临的重要挑战。制定科学的文化景观遗产保护规划，需要对文化景观遗产区域以及相关地区的地质、地理、水文、植被、历史、人文等，深入地开展科学考察和综合性研究，探讨历史上以及近数十年来自然与文化环境的演变趋势，为科学制定文化景观遗产保护规划提供依据。文化景观遗产包含各个历史发

肯尼亚纳库鲁湖国家公园火烈鸟（2005年12月21日）

展阶段中逐渐积淀蕴藏的文化信息，其内容涉及政治、宗教、军事、科技、工业、农业、建筑、交通、水利等方方面面，具有规模宏大、价值突出、影响深远的特点。其具有的丰富文化内涵是其他列入保护的一桥、一塔、一组建筑群等所无法比拟的。文化景观的优势，在于它是一个系统，是一个整体。文化景观一旦失去系统性、整体性，其中的单体景观元素的价值，也必将大打折扣。因此，在保护规划中对于山体、水面、洞壑、岛屿、植被、道路、建筑必须有一盘棋的整体考虑，从谋求可持续发展和实现整体审美效果的角度予以统一安排，并综合考虑区域内的社会功能、社区结构和视觉完整性。文化景观遗产保护规划中，“整体保护”既包含完整保护文化景观遗产本体及其环境，也包含了文化遗产保护与遗产地和谐发展的规划目标，即实现文化景观遗产及其背景环境的整体保护，持久保存全部历史信息，合理利用和充分展示其文化价值。

南非比利陀尼亚总统府公园（2006 年 1 月 1 日）

当今引导城市空间健康有序协调发展，已经成为城市规划管理和文化遗产保护不可推卸的共同责任。文化景观遗产是在一定的自然环境条件基础上，通过人类文明与自然造化之间长期的相互作用，而缓慢形成的文化结晶。因此，针对每一处文化景观遗产的专项保护规划，应包括勘察、测绘、可行性研究和征询专家意见等前期工作；对文化景观遗产及其背景环境内的人口、建筑、环境、交通等提出有前瞻性的分期实施的规划目标；划定保护范围和缓冲区；围绕保护遗产本体价值、保存遗址现状等内容制订详细的保护措施；在统一规划的指导下，科学安排各项保护工作。保护规划应充分吸收当今世界文化景观遗产保护的先进理念，在专项保护规划中要特别重视对文化遗产背景环境的控制性要求，要对周边地区的用地性质、功能分区、开发强度、道路布局、建筑布置、市政安排等提出专业意见。针对文化景观遗产及背景环境的问题，制订相关规划目标，并进一步制定有关系统监测与跟踪的规划对策，为多学科、多层面、多领域的背景环境保护措施提供科学的、有效的运行支撑。控制土地利用性质是对文化景观遗产保护范围内外的城市化进程进行调控的具有实质性的规划措施，生态承载力控制则是文化景观遗产可持续保护的关键所在。

保护独具特色的文化景观，是人们最早萌生的关于城市文化景观控制的意识。在西方各国或城市中，文化景观都是通过数百年的文化创造而得以形成，多数国家关于保护地区、视线走廊、建筑控制线、建筑高度等方面的制度，以及景观规划，均起源于对文化景观的控制规划。法国巴黎目前有 48 个历史纪念物和风景名胜地被列为“纺锤体”详细规划控制对象，即除了高度控制法规外，为了保护历史街道的文化景观，巴黎早在 1784 年就开始了建筑外轮廓控制。

从1784年到1967年，巴黎在五次修改城市规划的过程中，对城市道路与两边建筑高度的比例关系曾反复进行推敲，努力保持新旧建筑之间的和谐统一。由于巴黎始终坚持对临街建筑物的外轮廓控制，使城市沿街建筑和街道本身尺度和谐，从而达到传统街道景观的连续性和整体效果的统一和完整。伦敦圣保罗大教堂以其独特的造型和优美的城市轮廓线，成为城市标志性建筑。英国于1938年开始，针对圣保罗大教堂周边建筑高度所制定的景观规划，是在文化景观控制规划方面做出的最初尝试。高度控制对整个教堂的尺寸做了详尽的统计，同时在城市范围内调查现存的观看教堂的景点和区域，在此区域内做出限制建筑高度的规定，但是1938年的提议由于并没有法律效应，因此还是有很多建筑突破了高度限制。

伦敦在处理文化景观遗产保护危机的过程中，进一步探讨了战略性眺望控制问题。始于1991年的圣保罗大教堂战略性眺望景观，眺望点采用经纬度准确定位，除威斯敏斯特宫一处标高相对较高，其余均为公众可达性较好的公园等场所，通过对眺望点及眺望对象间的建筑高度控制达到对文化景观的保护。目前，伦敦市指定了10个眺望点，眺望对象为圣保罗大教堂和国会大厦。具体高度控制区域分为三个范围。第一个控制区域为眺望走廊，即从眺望点处设定宽300米的区域，与眺望对象连接成为梯形的高度控制区域，区域的范围根据圣保罗大教堂穹顶的底部（52.1米）和国会大厦的屋顶（43.5米）的高度而定。高度超过控制区域的建筑原则上被禁止，对于现有不合格的建筑，在改建、扩建时适用。第二个控制区域为广角眺望协议区域。即区域内的建设项目虽然不设定严格的高度规定，但是影响眺望的建设项目一般不予许可。第三个控制区域为背景协议区域。即距离眺望对象2.5公里至4公里的区域，是眺望对象的后面的背景，对眺望对象的影响也不容忽略[①]。针对上述各个不同的控制区域，实行不同的高度控制管理，目的在于确保市民在城市内远距离欣赏文化景观的眺望权。因为这些文化景观遗产的价值无论对于城市还是社区来说，都是宝贵的物质与精神财富，有助于提高城市的环境质量和文化品质，同时能够服务于社会教育、休闲旅游等目的，并保证城市的魅力持久不衰。

文化景观遗产保护规划的基本原则包括根据遗产的环境特征实施分区保护。实践证明，要解决当前城市发展中文化景观遗产与现代化建设之间，在尺度、肌理、形态等方面的冲突矛盾，首先应该设法减少两者之间硬性接触所形成的直接碰撞。因此，在两者之间实现一定的缓冲过渡，从而达到维系文化景观遗产和城市空间风貌协调的目的，这便是缓冲区的基本作用。根据这个原则可以探索和剖析文化景观遗产保护与城市建设发展之间的关系。当城市建设发生在核心区时，必然对文化景观遗产造成干扰或破坏，当城市建设发生在缓冲区时，也会对文化景观遗产造成影响或侵蚀，处理不当将对文化景观遗产保护产生负面影响。因此，在文化景观遗产保护规划中，有必要对其核心区和缓冲区进行定义，建立评估标准。划分核心区和缓冲区边界的依据是与文化景观遗产相关的价值。在历史性城市中，传统中轴线的形成与发展，虽然历经城市千百年沧桑变化，但是始终具有持久的活力与生命力，并适应发展和弹性变化的永恒性。其中，在考虑城市中轴线景观、天际线景观等文化景观遗产的保护时，其核心区和缓冲区往往是对大面积环境的界定，涉及更为广阔的环境，即将文化景观遗产保护范围的研究，扩大到城

① 苏东宾，聂志勇：《浅谈如何通过建筑物高度控制来形成良好的城市景观》，载《国际城市规划》，2007（2），104页。

市性质、城市规模、城市布局等宏观综合范畴。

在这样一个宏阔的环境背景下，文化景观遗产的核心区和缓冲区的作用更加突出。缓冲区的作用就是融合，就是过渡，从而保持不同空间的和谐联系。缓冲区的内容既可以是自然要素，如地形地貌、水体植被等，也可以是满足社会、经济、文化等功能方面的人工要素，如城墙、护城河、街道、民居等；既可以是单一种类的介质，也可以是复合种类的介质。例如古都南京的明城墙文化景观，以简洁流畅的形态穿行在城市不同时期的建筑环境之中，与自然山川、江河水系一起，在整合南京文化景观遗产方面起着不可低估的作用。在缓冲区范围内，基于建立文化景观遗产价值共识的基础，使文化景观遗产保护规划与地区经济社会发展规划，以及其他利益相关者建立起一种新型关系，在不损害历史延续性的前提下，对缓冲区内变迁的可能性及其限度进行界定。《维也纳备忘录》指出“历史建筑、空地和当代建筑作为城市特点的品牌，极大地提升了城市的价值。

四川广元千佛崖石窟保护工程开工仪式（2011 年 10 月 9 日）

当代建筑可以成为各城市有力的竞争工具，因为这种建筑吸引了游客、资本和定居者。因此，历史建筑和当代建筑共同构成了当地社区的一笔资产，它们应该用于提高城市环境的质量，同时又能够满足教育、休闲和旅游的目的，并确保财产的市场价值”。

通过法定程序制定并公布保护规划，目前已经成为我国文化遗产法律体系框架的重要组成部分。实践证明，保护规划是保障文化遗产得到有效保护、合理利用、规范管理的基础，是文化遗产保护工作至关重要的环节。对于文化景观遗产的保护而言，保护规划具有规范性和权威性，既是保护管理的科学依据，也是具有特定职能的法规性文件,还是直接指导文化景观遗产保护与利用的操作规程，具有法律效力。编制保护规划的目的是使文化景观遗产得到有效保护，并在保护的前提下，发挥社会作用，促进文化景观遗产所在地区社会、经济、文化和环境的协调发展。保护规划的实施，有利于保护文化景观遗产的真实性、维护文化遗产环境的完整性；有利于指导文化遗产管理机构正确行使管理职能；有利于统筹安排和控制保护范围、缓冲区内的文化遗产保护工程及各类建设活动；有利于核定和控制文化景观遗产参观人数总量，限制超量接待对文化遗产的不利影响。因此，应根据各项文化景观遗产的特点，积极推动保护规划的编制工作。文化景观遗产保护规划应该具有世界眼光，时刻了解国际社会文化遗产事业的发展状况，了解文化景观遗产在全球经济、政治和文化中的独特作用，了解各国文化景观遗产保护的学术思想、先进理念、保护技术、管理制度等方面的创新实践。

城市是人口密集，工商、交通、文教、商业发达，人类活动频繁的地方，其所在环境已经有了较大的改变，原有生态系统基本不复存在。但是，事实上每个城市和地区都依然保留有文化景观较好的地段，这些地段或者是城市传统标志性建筑的周围，或者是城市中具有文化特色的街道和广场，或者是能够眺望山水风光的特定区域。这些文化景观遗产的保护为城市发展规划提供了文化与自然环境保护的新视点。对于这些具有良好文化景观的地段，或能够创造良好文化景观的地段,都应该开展文化景观的评估分析和规划设计。对于文化景观遗产的保护来说，首要的立足点应是对遗产本体及其环境的保护，而真实性与完整性是文化景观遗产保护与管理的重要原则。文化景观遗产作为人类与自然的结合之作，兼具文化遗产与自然遗产保护的要求和特性，更突出地反映了真实性与完整性相结合的保护与管理要求。以往在关于文化遗产的文献中，强调文化遗产的真实性和自然遗产的完整性。但是，随着对文化遗产价值的认识更加全面和深入，人们发现，无论是文化遗产还是自然遗产，对它们的评价与保护都应包括真实性与完整性两方面的要求，即文化遗产的完整性和自然遗产的真实性也应该受到重视。特别是真实性与完整性的结合运用更符合文化景观遗产保护的要求。

城市总体规划是城市建设的“龙头”，直接影响到城市未来的发展战略与布局。近年来，北京市在将文化景观遗产保护纳入城市总体规划方面进行了深入探讨，取得了重要的成果和明显的成效。例如《北京城市总体规划（2004 年—2020 年）》中，在突出旧城整体保护的前提下，明确规定了涉及文化景观遗产保护的十个方面的内容，即北京城中轴线的传统风貌特色；明清北京城“凸”字形城廓；皇城整体；旧城内的历史河湖水系；旧城原有的棋盘式道路网骨架和街巷、胡同格局；北京特有的“胡同 – 四合院”传统的建筑形态；旧城平缓开阔的空间形态；重要景观线和街道对景；旧城传统建筑色彩和形态特征；古树名木及大树。其中，将重要景观线和街道对景列入保护范围，对于城市文化景观来说意义重大。根据《北京城市总体规划》，在历史城区内划定成片的历史文化保护区，其中故宫外围的南池子大街、北池子大街、南长街、北长街、景山前街以及东华门大街、西华门大街等街巷、胡同和四合院民居系统所组成的历史街区，实质上也是故宫世界文化遗产与城市建设之间的缓冲区，于1990年由北京市政府确定为历史文化保护区，并于2002年正式批准保护规划以来，在保护故宫文化景观方面发挥出了重要作用。

北京皇城是我国重要的城市类文化景观遗产。近年来，北京市将皇城作为整体加以保护，并于2002年4月开始编制《北京皇城保护规划》①，保护规划面积约6.8平方公里。特别是在保护好故宫等文物保护单位的基础上，正确处理皇城保护与城市建设的关系。皇城内新的建设项目要服从保护的要求，保证皇城整体风貌与空间格局的延续，并努力改善皇城范围内居住条件和环境质量。在规划中确立了严格控制皇城内建设规模的原则；整体保护与分类保护相结合的原则；最大限度保存真实历史信息的原则；分层次、分阶段实施环境整治、基础设施改善和房屋有机更新的原则；逐步适度疏导人口的原则。在《北京皇城保护规划》中，文物保护单位是皇城保护的核心内容，皇城保护范围内共有各级文物保护单位63个，总占地面积约369公顷，占皇城面积的54%。同时，对于皇城内尚未列为文物保护单位，但是建筑形态或院落空间反映典型明清四合院格局的院落，以及具有真实和相对完整历史信息的近代建筑，亦按照文物保护的要求进行保护，并挂牌明示。在保护规划中，对原有的城市道路交通规划进行了修订，使皇城范围内的各类道路保持其现状宽度与尺度基本不变，维持现有街巷胡同的位置、走向和格局，

① 2003年4月，北京市政府批准实施《北京皇城保护规划》。

保护并延续传统的街巷胡同名称。

2002年10月，北京市政府颁布实施《北京市历史文化名城保护规划》，将世界文化遗产颐和园及其周边背景环境，列为清代“三山五园”保护区域的重要组成部分，不但严格控制颐和园保护区域内建筑物的高度、体量、形式，并承诺将逐步拆除影响文化景观构成的不和谐构筑物。根据相关法律，颐和园自2003年以来，依法制止了多起影响文化景观遗产保护的建设工程，并于2004年拆除了园外影响文化景观遗产环境的高压线塔，输电设施改为利用地下空间。十几年来，颐和园通过实施一系列的保护整治措施，使山水类文化景观逐步完善。先后恢复了苏州街（1990年）、景明楼（1992年）、澹宁堂（1997年），陆续修缮了仁寿殿、听鹂馆、排云殿、佛香阁、长廊和大船坞等文物建筑。特别是将行政办公搬迁至园外，改建为具有收藏、展示功能的文昌院文物库馆；恢复颐和园西区重要文化景观耕织图，从而使颐和园恢复到清漪园时期的完整版图。同时，颐和园逐渐完善湖山生态系统，实施园林生态保护工程，合理配置绿化植被灌溉水源，解决黄土裸露、水土流失、生态脆弱等问题，维持生态平衡。例如增植大量北京西郊乡土植物品种，实施招鸟工程；在昆明湖内恢复乡土水生植物的种植面积，复原历史植被景观。目前，颐和园内鸟类、园林植被种类以及水生生物，不但种类丰富而且数量不断增加，成为北京郊区生物多样性得到最佳体现的山水类文化景观。[①]

不同历史时期，城市规划中的人口规模、建筑布局必然不断发生变化，而城市中的河流水系、绿地走廊、生态湿地等所构成的生态系统，则永远为城市发展所必须，应保持恒常不变的稳定性。因此，

① 颐宣：《科学管理 促颐和园的可持续发展》，载《中国建设报》，2006-03-28（7）。

面对城市化加速发展的时代背景，需要对城市规划方法进行逆向思维，即在区域尺度上首先规划和完善非建设用地，设计城市生态环境和文化景观保护系统与格局，以不变应万变。19 世纪末，P. 赫得斯（P.Geddes）曾经提出“先调查后规划”的原则，提倡通过生态因子的层层叠加来确定土地利用格局的模式，为国际规划领域所广泛采纳。近年来，周干峙院士提倡“先底后图”的规划方法，就是首先根据生态结构完整性和用地适宜性的标准划定禁建、限建、适建、已建的区域，在此基础上再进行建设用地布局[①]。俞孔坚教授认为，设计要坚持三个原则，一是设计要尊重自然，使人在谋求自我利益的同时，保护自然过程和格局的完整性；二是设计要尊重人，包括作为一个生物人的所有需要；三是设计要关怀人类的精神需求，关怀个人、家庭和社会群体与土地的精神联系和寄托。这三个关于土地、

云南大理蝴蝶泉（2006 年 7 月 16 日）

① 周干峙：《对生态城市的几点基本认识》，载《中国园林》，2008（12）。

人、精神的原则，要求当代城市建设者必须调整自身的定位和价值观。他建议城市空间规划可通过优先对不建设区域的控制来进行，也就是要先考虑生物、考虑生态、考虑乡土文化、考虑人们休憩需要等，再来考虑建设用地，也就是先考虑哪里不建设，再考虑哪里可以建设。

伴随着人类社会价值观念的演变，文化景观遗产保护观念也在不断发生变化，对文化多样性和生物多样性的尊重更加突出，保护领域更加丰富、保护内容更加广泛。在实践中人们认识到，任何一处文化景观遗产所蕴含的历史信息都不是单一的，而是多方面的，往往都具有多重价值，需要采取多学科手段进行综合研究，做出全面评价。同时，综合研究与全面评价，也促使人们从更广阔的视野、更深入的角度去分析和梳理文化景观遗产对于城市可持续发展的意义，探索和建立相应的保护方式、手段、体系。一座历史性城市往往经历了数千年文明的熏陶，拥有深厚的文化底蕴和独特的人文精神，成为城市充满自信的源泉，因此，文化景观遗产的保护必须先于城市发展规划和近期建设计划加以考虑。例如云南大理，其城市特色在于苍山、洱海，以及山海之间的田园风光，共同构成独具特色的文化景观。近年来，大理加强文化景观遗产保护的力度，严格控制历史城区周边地区的建设规模，保持苍山洱海之间的生态环境和自然风光；控制城市各组团的建设规模，使之与“山、城、田、水”的空间格局相协调；在总体布局上继承与保护历史街区严谨、有序的传统空间格局，以及由传统民居布局所形成的街巷空间组合关系；保护现有传统建筑，控制新的建筑体量，并使之融于山水风光之间。

迈入新世纪以来，一些历史性城市逐渐加大保护规划的执行力度，取得了积极的成果。例如杭州市，其文化古都的身份越来越被强调，在解决文化景观遗产保护与发展的矛盾中一路探索，按照

“保老城、建新城”的理念和“两疏散、三集中”的思路，把保护的重点放在老城区，把建设的重点放在新城区，不仅使老城区和西湖文化景观遗产得到了更好保护，而且有力地推动了城市沿江跨江发展。又如伴随着现代化的进程，西安市编制了第4次城市总体规划（2004–2020年），明确实行“新旧分治”，逐渐弱化和分离历史城区的行政、交通、居住等功能，强化文化旅游、文化交流功能，进一步改善历史街区与文化景观的品质，历史城区内原则上“只拆不建、多拆少建”，逐步降低居住人口密度，使老城墙以内的人口由42万逐步降低到25万，同时，历史城区内以公共交通为主要交通方式，自行车和步行交通为辅助。再如近年来，平遥古城的文化景观遗产保护和整体环境整治持续开展，已经有80多个机关和单位迁出古城，包括绝大多数的政府机构、学校和医院，使古城内的人口规模压力逐年减缓。2003年，建在峨眉山金顶上，有着30多年历史的四川最高的电视发射塔被拆迁，为峨眉山文化景观保护让路。2004年初，洛阳分流了通过世界文化遗产龙门石窟的车辆，对景区进行封闭式管理，龙门石窟及其周边环境形成东西宽1.5公里、南北长4公里的封闭式保护展示区，参观者可以在安全、安静的环境中感受文化景观遗产的无穷魅力。

早在19世纪，意大利王国在成立之初，开展行政区划布局调整时，曾将一些历史性城市确定为工业城市。但是，随着工业化的发展，城市建设与文化遗产保护之间矛盾突出。为此这些历史性城市按照文化遗产保护的特殊要求，及时进行行政区划调整，充分运用行政手段将古城完整地保护起来[①]。其中，罗马市具有了通过适当行政区划调整，加强古城和文化遗产保护的典型经验。罗马市是

① 李绍纯：《意大利行政区划布局与管理研究》，载《北京规划建设》，2008（3），81页。

以欧洲文艺复兴运动为代表的西方文明的摇篮，当你穿行在罗马市的街头，就仿佛走进一座古代建筑艺术的陈列馆，遍布全城的教堂、广场、雕塑和喷泉，使罗马市成为公认的“永恒之城”。罗马古城的保护始终是罗马市政府的核心工作，重中之重。为更好地保护文物古迹和文化景观，罗马市将行政区划分为古城和新城两部分。其中，被古城墙环绕的古城面积仅占现代罗马市区的40%。新城位于古城南侧6~7公里，20世纪30年代末，罗马市政府有计划地在罗马古城的南郊建设大片现代建筑群，50年代中期新城基本建成，成为一座现代化花园城市，现为众多政府部门、公司总部的所在地。几十年来，罗马市政府始终将古城作为行政区划中的独立单位，统一制定保护政策和采取相应保护措施，加强具有针对性的管理。这样的行政区划和管理制度设置，有力支撑了罗马古城的整体保护和文化景观遗产资源的合理利用。

北京市和罗马市具有很多共同特点，都既是国家首都，又是文明古都。首都具有特定的城市功能，古都具有特殊的保护要求，因此不能建设成为无所不包、无所不能的全功能型城市，如果既要承担政治中心、文化中心职能，又要承担教育中心、科技中心职能，还要承担金融中心、贸易中心等各种职能，面面俱到的发展定位，必将引发城市人口的持续增加，难以遏止城市空间“摊大饼”式的扩张。北京历史城区位于古都保护的核心地区，仅62.5平方公里的土地面积，却被分为东城、西城、崇文、宣武4个行政区，不但在文化遗产保护方面难以形成合力，而且在经济发展上也容易形成攀比。近年来，历史城区内的各行政区，在经济发展方面不甘落后，形成激烈的竞争态势，为了增加本区的财政收入，各区不约而同地选择了商贸业和房地产业，于是竞相招商引资，引发一轮又一轮地对历史街区、传统胡同和四合院民居的大拆大建，大型商厦、写字楼不断涌现。伴随大规模“旧城改造”，虽然旧城内户籍人口不断减少，但是工作人口未减反增，原有居民迁出后新建的商贸区、金融区，吸引更多的人流涌入历史城区就业与消费，使得历史城区的环境、交通以及基础设施不堪重负，而体现城市特色的文化景观遗产则是不断消失。

从20世纪50年代著名的“梁陈方案”，50年后吴良镛教授“京津冀地区城乡空间发展规划研究”，对于北京市城市结构进行战略性调整，一直是人们思考和探索的重要领域，也曾经有过一些远见卓识的建议与方案，但是“以旧城为中心发展”和“摊大饼”式扩张，始终是北京市城市发展的主流。造成这一状况的根本原因，就是缺少支撑北京市历史文化名城和历史城区整体保护的体制机制。几十年来，在北京市的历次城市总体规划中，控制城市人口和城市用地规模，一直作为主要规划目标提出，但是，从来没有能够控制住人口规模的持续增长和城市空间的不断扩张。长期以来，对于北京古都来说，没有能够从全国、从京津冀地区的视野，来支撑和缓解保护与发展的双重压力；对于北京市历史城区来说，没有能够从市域、从整个市区的视野，来支撑和缓解保护与发展的双重压力，而是“就城论城”、“就区论区”。因此，当前应打破就事论事、就地论地的行政与财政管理体制，重新进行行政区划的调整和管理，坚决地、战略性地疏散和转移北京市的城市职能，根据不同地区的功能定位，进行不同的制度设计，通过行政区划手段实现北京市历史城区的整体保护。北京市空间结构和行政区划的调整，不仅可以给北京市经济社会发展提供更加广阔的空间和更加持久的竞争力，而且可以彻底改变北京市新城旧城重叠的发展模式，从根本上解决各种功能互相干扰的问题。

探索文化景观遗产保护有效机制[①]

（2010 年 1 月）

近年来，国际文化遗产领域不断涌现出新的成员，所关注对象的类型，有向综合化、动态化、巨型化和非物质化等方向扩展的趋势，文化遗产原有类型间的界限变得日趋模糊，使文化遗产保护任务在日益加重的同时，面临着更加广泛和更加复杂的问题。特别是文化景观遗产作为一种新的文化遗产类型，虽然已经得到国际学术界的

伊朗伊斯法罕市国王桥（2006 年 8 月 30 日）

① 单霁翔：《走进文化景观遗产的世界》，天津，天津大学出版社，2010。

认可，但是无论在性质判断和概念阐述上，还是在保护理论和实践方法上，都存在着理解上的混淆，缺乏清晰的界定，其科学保护问题也日益成为当前文化遗产保护实践中的重要课题。对此，应该结合我国文化景观遗产资源的特点，与时俱进地开展研究，不断调整和完善保护的策略。

文化景观遗产的保护既不是为了阻碍发展，也不是为了冻结建设。可持续发展才是文化景观遗产保护的核心，也是其最终目标。保证城市有机更新与保护文化景观遗产之间需要达成平衡，这是实现可持续发展的关键。因此，在保护与发展之间建立积极的协作关系十分必要，文化景观遗产的未来取决于这种协作关系的不断加强与调整。对文化景观遗产的利用不应是没有节制的无偿索取，而应是在尊重自然规律的前提下进行的改善、修复、美化和提高。一些历史性城市的决策者，往往为导致文化景观遗产建设遭受永久性伤

新疆塔什库尔干县喀拉库勒湖（2010 年 6 月 23 日）

害的开发行为进行辩解，理由是为了更好地营造吸引投资的环境。实际上，国际会计准则对投资的理解，是一种具有潜在长期利益的支出，而文化景观遗产的保护和管理恰恰符合这一理解。文化景观遗产保护的综合效益极为显著，而破坏文化景观遗产所付出的代价将难以偿还，谁也无法为破坏文化景观遗产负责。通过了解人类不断变化的生存条件，正确评价人们的居住环境，以及通过广泛的社会教育，将正确的文化景观遗产保护理念传给后代，是一个持续的过程。在这一过程中，如果文化景观遗产保护作为可持续的方式，促进经济、文化和社会发展，保护行动将更加深入人心和获得更加广泛的支持。

支撑一座城市可持续发展的根本动力，来自于当地民众所秉持的精神信仰、哲学理念、道德观念、价值取向、审美意识及人生理想等文化因素。一座城市中文化景观存在的最大意义和作用，就体现在其对于人们的关爱和体恤，而人们的精心呵护，也使文化景观遗产拥有更加深厚的历史底蕴和文化内涵。现代人类面临的最严重的问题就是归属感、安全感的缺失。一座有文化理想追求的城市，就是要努力创造城市良好的文化氛围，为人们的生存提供安定、轻松、和谐的环境，为人们的发展提供必要的精神动力和智力支持，使人们在日常紧张的生活中能够体会到轻松和惬意，在喧嚣的世界中能够寻找到温馨和安宁，缓解人类在心理、精神和道德方面的种种压抑，使人类的生存更加健康和充满活力。城市类文化景观应该担当起这一责任，庇护人们的生存，关照人们的健康，为人们的生活提供良好的条件和环境，使生活其间的人们拥有更加自由的发展空间，使人们的创造能力得到更大程度的发挥，使人们的自我价值得到更好的体现。一座拥有良好文化景观的城市在各个方面也会拥有和谐良好的关系，这将为城市的发展提供各个方面的积极因素，使城市间的各个部分能更好地相互协作,从而促进城市整体的可持续发展。

文化景观遗产的保护首先需要得到当地民众的理解和支持。1982年，一个开发商计划在费城市中心的里顿豪斯广场地区建造一个14或15层玻璃墙面的办公大楼。要达到这个目的，就不得不拆掉三幢19世纪末20世纪初的建筑。为此，大约有18个社团组织结成了里顿豪斯保护联盟对开发商的计划作出反应。此外，该联盟印制了一个24页的关于该问题的报告，组织了一个由几百位邻近居民参加的社区会议，并且帮助起草了一个保护受威胁建筑和周围社区建筑的区划修正条例。在引起这场争议以前，为数不少的邻近居民似乎不太可能对受到威胁建筑的保护价值具有专门知识。但是这种知识的缺乏并不妨碍他们对于开发商的计划做出范围广泛的消极反应。一封由市中心居民委员会负责人写给当地报纸编辑的信中，强调了保护这个社区生活质量的重要性。不仅需要保护该区域内现存的建筑物，以及良好的联邦时期和维多利亚时代的房子，“更重要的是，它保护了现存的高层建筑物、商业店铺和优良的居民住宅的混合，这种混合使得市中心成为一个美好的生活和工作地区。对于自由职业者、艺术家、商人、上年纪的市民和家庭这些不同种类的人口来说，这种充满活力的环境是一个富有吸引力的和令人激动的家园。”①

世纪之交，北京市在文化景观遗产保护方面，开展了一系列颇有声势的行动。其中明城墙遗址公园建设和故宫筒子河清淤整治，在社会上引起较大反响。城墙作为军事防御设施，在漫长的城市发展史中，经历了从土筑、土石混筑到砖石砌筑，从单重城墙到宫城、皇城、内城、外城重重拱卫的不断发展。北京作为五朝古都，留下

① S.C. 布拉萨：《景观美学》，彭锋，译，132页，北京，北京大学出版社，2008。

了大量历代城墙遗存。但是，随着冷兵器时代的结束，城墙作为军事防御工事的作用逐渐淡化和消亡，成为一些人眼中阻塞交通、妨碍城市建设的累赘和桎梏。许多地方开始逐步拆除城墙，用来修建穿城大道，拆下的城砖也成了建筑材料。幸运的是，近年来越来越多的人逐步认识到保护城墙，对于传承文化遗产，保护城市文化特色和精神根脉的重要意义。从1996年北京市文物部门为抢救北京城最后一段明城墙而开展的“爱北京城、捐城墙砖”活动，到2001年实施的北京明城墙遗址保护工程，都得到了广大市民的热情支持。上至八旬白发苍苍的老专家，下至不足十岁稚气未脱的学童，络绎不绝地前往城墙修缮工地捐赠城砖。马家祖孙三代在87岁马宗臣老人带领下，一次次把城砖运到城墙遗址；一位市民行程几十里用自行车送来了两块城砖；还有一位市民坚持每天下班用自行车驮几块古城砖到城墙遗址，先后捐赠了数百块城砖；更有数以百计的北京市民冒着严寒、踏着残雪到明城墙修复工地义务劳动。2002年北京明城墙遗址公园建成，古老的城墙再度走进人们的生活，流淌着城市的血脉，诉说着历史的沧桑，焕发出青春的光彩。

筒子河是体现故宫整体文化景观的重要内容，也是北京城历史河湖水系的重要组成部分，与城市发展史有着极为密切的关系。但是，在环境治理前，除靠近紫禁城城墙的东西筒子河内侧，原有115间古代建筑外，自20世纪60年代以来，陆续修建了400多间简易平房，住有居民300多户，并有2个街道工厂和一个单位。一些居民和单位长期以来在河堤上搭建房屋，直接或间接威胁着筒子河安全。河道、河岸设施也因年久失修，护岸条石多处风化和坍塌。向筒子河内排放污水的管道口多达480余处，沿岸单位和居民倾倒大量垃圾和渣土，河底淤积逐年增加，河水受到严重污染。这些情况不但破坏了故宫的文化景观遗产，造成安全隐患，还直接威胁到紫禁城城墙以及与其相连的故宫内河的水质。1998 年 4 月，经过大量前期现状调研和规划、设计、施工准备，筒子河治理工程开始进行，该工程涉及拆迁安置、文物修缮、河道清理、污水截流、园林绿化等多项内容。筒子河治理工程恢复了故宫的周边环境，排除了环境安全隐患，进一步完善了故宫周边地区雨、污水分流系统，河水还清，输水通畅，达到观赏型河道水质标准，恢复驳岸、宇墙，展现出明清时期的文化景观原貌。

世界各国在不同阶段大都经历过或正在经历快速城市化和大规模城市改造进程。在此过程中，一些虽然表面破败却具有文化意义的历史街区的存废，始终作为敏感问题提出。20 世纪 50–60 年代，日本经济高速发展，许多城市经历过大拆大建。但是，自 70 年代起，民众开始反思这样的“开发改造”方式对自身生活质量的影响，认识到保留城市文化景观和文化传承的重要性。一些有责任感的市民结成保护团体，积极为城市中的历史街区保护提出建议，使它们参与到城市保护与更新之中，一时间在全日本范围内掀起了保护历史街区的民众运动。在长野县，有条全长 500 米的“妻笼宿”，是江户时期过往商旅的中途驿站，由于地处群山之中，一直未被开发改造，呈现着 100 多年前的风貌。1968 年，当地政府计划拆除“妻笼宿”，遭到居民们的强烈反对。1971 年，民众发起制定保护宪章，明确规定对当地传统房屋“不卖、不租、不拆”；1975 年，当地政府也出台了相关制度，控制大拆大建式改造、保护传统文化风貌。如今，“妻笼宿”已经成为著名的文化景观。在日本以地缘为纽带的民众保护团体与地方政府的关系既不是对立的，也不是完全依赖的，政府既是管理者，又是被监督者。在这一过程中，当地民众不仅提高了社会地位，扩大了自身影响，也提升了自身文化素质，而公民素质的提高对整个社区的和谐、稳定与发展起着至关重要的作用。

城市是以街区为单元形成的一个有机整体。城市的细胞是街区，城市的生命力也在街区，没有街区的个性，就没有城市的特色，而历史街区是城市内涵浓缩的精华。平江历史街区位于苏州古城东北隅，面积约为116.5公顷，是苏州迄今保存最完整、规模最大的历史街区，其中最为核心的部分是平江路。对照宋代《平江图》，以及明末《苏州府城市水道总图》，可以看出平江路基本延续了唐宋以来的城坊格局，仍然保持着“水陆并行、河街相邻”的双棋盘格局，以及“小桥流水、粉墙黛瓦”的独特风貌，有些街巷、河道、桥梁的名称，至今都可以与《平江图》相对应。平江历史街区内有为数众多的传统建筑，许多古桥、古井、古牌坊散落其中，街区内至今还保留着苏州古城墙遗址。2002年，以迎接第28届世界遗产委员会会议在苏州召开为契机，苏州市启动了平江路的保护与环境整治。按照保持古城格局、展现传统风貌、美化环境景观、传承历史文化的基本要求，实施河道清淤、码头修整、驳岸加固、绿化补种、路面改善、管线入地工程，以及完善停车场等静态交通体系，平江路的保护与环境整治取得显著成效。2005年，平江路荣获联合国教科文组织颁发的亚太地区文化遗产保护奖。评委会对平江路的评价是，“该项目是城市复兴的一个范例，在历史风貌保护、社会结构维护、实施操作模式等方面的突出表现，证明了历史街区是可以走向永续发展的。”①

平江路风貌保护与环境整治，从规划编制阶段，就鼓励公众参与，及时听取社会各界，特别是当地居民关于历史街区保护与发展的建议，通过社区等层面动员民众参与文化资源的挖掘。在规划实

① 作者不详：《苏州平江路：水陆并行，河街相邻》，载《中国文化报》，2009-04-21（5）。

施过程中，保护与环境整治采取公示方式，所采取的办法得到了居民的理解和支持，既保护了民众的基本利益不受损害，又有利于历史街区保护的顺利实施。在重要历史建筑的保护修缮方面，鼓励民间资本参与，解决资金保障和合理利用的问题。如今，平江路仍然保持着独特的文化景观，居民生活设施得到改善，生活环境进一步优化，街区成为居民幸福生活的依托。风貌保护与环境整治后，平江路的居民基本保持着原有的生活方式，这种清新、质朴的生活形态，激发了外来参观者的浓厚兴趣，他们纷纷走入小巷，品味寻常百姓生活。在此基础上，苏州市又以基础设施完善、街巷环境改善、生活设施优化、服务功能提升、文化底蕴凸现为目标，以污水支管到户、整修居民院落、改造环卫设施、修复破损路面为重点，以维护历史街区生态环境、优化居民生活品质为依托，对平江路历史街区总面积 7.8 公顷的 70 条街巷进行了环境综合整治，全面优化历史风貌与生态环境。同时，一些具有浓厚文化底蕴的客栈、旅舍、会所、画廊、茶楼、会馆等相继落户，增加了历史街区的活力。

在经济全球化的背景下，对于历史性城市来说，只有城市肌理的不同要素按照一定的组织规则有机联系起来，才能组成一个充满活力的城市，创建和谐、高效和富有美感的文化景观。文化社区是文化特质的社区分类，文化社区与行政社区不同，行政社区只是一个行政管理的区域单位，而文化社区则是不同文化特质的空间载体；行政社区是由人为划分，而文化社区则是在一定地理环境中形成。社区文化对于人们的心理、性格、行为有着深刻的影响。不同文化社区的特质不仅造就了人们特殊的习性，而且在一定程度上决定着人们的价值取向。最早使用“社区文化”一词的是美国学者 O.T. 梅森(O.T.Mason),他曾把拉丁美洲的土著文化划分成 18 个“社区文化”。

但美国的“社区文化”观念有偏颇之处，一是他们都是着重物质文化特质的复合体,二是他们对社区文化往往以静态的形式进行分析。事实上，提升社区民众生活品质，就应该做到既关注市民衣食住行等物质生活条件的提高，更要关注市民心理满足、价值实现等精神生活的丰富；既关注市民当前的物质消费生活，更要关注市民未来的文化创造实践；既关注经济指标的增加，更要关注人文环境质量的提升，从而实现经济、文化、社会、环境、生活品质的互为支撑、同步提升、和谐发展。

历史街区是历史文化名城保护的重点，它的保护不是简单的文物保护和城市规划问题，而是一个综合的社会实践，需要特别关注保护实施中的政策和方法问题。大量实践中的经验教训证明，凡是需要保护的历史街区，就不可能在短期内就地平衡资金，凡是按照一般房地产开发方式进行的运作，均没有取得预期的效果。一些城市的历史街区虽然编制了科学的保护规划，但是由于盲目引进房地产开发进行主导建设，为了就地平衡资金、追求利润最大化，使保护规划得不到贯彻，其结果是历史街区和城市规划建设均达不到预期的目标。目前，不少地方提出对历史街区实施“人房分离”和“绅士化”的改造方式，即全部迁出原住居民，把传统建筑重新修缮后再高价卖出，或变成有钱人居住的高档生活社区、或变成高档娱乐休闲场所、或变成专供旅游参观的设施，这些都不是历史街区保护的目的与方向。将大量原住居民成片迁出，割断了他们与原有社区的世代联系，不但会给弱势群体带来生活困难，而且严重伤害历史街区的文化内涵。实际上原住居民是永远有利于文化景观遗产的保护与发展的积极力量，让一些原住居民继续在文化景观区域中生产生活，实际上是积极保护的一种体现，也是在法律框架下实现保护的一种途径。对于传统商业街区也应该按照市场规律，首先改善基础设施和整治环境,而应避免成街成片地大拆大建,建成仿古一条街。

同时，历史街区的保护有着自身的要求和方法。在保护要求方面，首先，历史街区要保存真正的历史建筑本体和文化信息，对历史建筑进行抢救、维护、修整，不可将仿古造假作为保护的手段。其次，历史街区重在保护街区外观的整体风貌。不但要保护构成历史风貌的文物古迹、传统建筑，还要保护构成整体风貌的所有要素，例如道路、街巷、院墙、河道、小桥、古井、古树等。第三，历史街区是成片保护的地区，有大量居民在此生活，是“活态的”文化遗产，有着特定的社区文化，因此不能只保护历史建筑的躯壳，还应该保存它承载的文化，保护非物质形态文化要素，保护文化多样性，以维护社区传统，保持社会生活的延续。在保护要求方面，一是，历史街区中未公布为文物保护单位的传统建筑，在保持外观的前提下，可以进行室内的更新改造，适应现代生活的需要。对历史建筑要按原样维修整饰，对后人不合理的改动，维修时可以恢复其原貌，对于影响整体风貌的新建建筑可以适当改造,恢复历史原来的风格。二是，积极改善基础设施，提高居民的生活质量。历史街区内的基础设施大多十分落后，社会要发展，生活要改善，因此必须满足生活其中的社区民众逐步改善生活质量的需求，以增强当地民众对所居住社区未来生活的信心。三是，要逐步整治环境，避免大拆大建，实现小规模、渐进式、微循环的有机更新方式，对历史建筑和环境要精心设计与施工，尽可能保存更多真实的历史遗存，逐步改善生活环境，保持地区经济社会发展活力。

针对历史街区的保护，一些历史性城市转变观念，探索可持续性的保护与更新措施。在广州，老西关恩宁路骑楼街曾交给投资商进行开发改造，2007 年 7 月，广州市政府决定收回这一历史街道的开发权，保留骑楼街原貌，加以修缮保护，并根据使用需要，适当完善基础设施，形成一条功能完整的骑楼街①。在绍兴，仓桥直街历史文化街区保护中采用政府主导、居民参与的模式，实施渐进式改善。对于传统建筑的保护维修，政府承担 55%，居民出资 45%，基础设施由政府负责。原住居民愿意回迁的可以选择回迁，不愿意回迁的，政府给予一定补贴，购买经济适用房。实施结果 80% 的原住居民选择了回迁，既解决了传统建筑的维修问题，又保留了原有的生活形态。福州“三坊七巷”的保护经验引人注目。2009 年 7 月，为期两天的“老城保护与整治——三坊七巷国际学术研讨会”在福州召开，来自海内外的 60 多位专家学者通过了《三坊七巷宣言》，就城市文化遗产保护提出理念共识和行动倡议。《三坊七巷宣言》表示，自 20 世纪中叶至 21 世纪初，记载着城市历史溯源与人文底蕴的古建筑为钢筋混凝土建筑取代的同时，以多样性著称的世界城市文化正以惊人的速度消失。保存城市历史建筑及其周边环境，即是使其所反映的地区文化与民族特质得以保存。

我国是古老的农业大国，五千年文明史从某种意义上说，就是一部农业文明史。农村人口历来占我国总人口的绝大部分，因此，乡村一直是全国各类聚落的主要形式。乡村与城市一样，都是人类活动的中心，它们既是人们居住、生活、休憩和进行各种社会活动的场所，又是人们进行生产劳动和商品交换的场所。今天，影响和制约乡村发展的因素，除社会物质生产方式为其根本要素外，还包括地理位置、区域经济基础、历史过程及本身建设条件等因素。特别是我国农村正在经历着与西方不同的城市化道路，农业生产的机

① 张祖刚：《立足生态环境 挖掘人文内涵》，载《中国建设报》，2008-10-07（6）。

械化和工业化、农民生活的城市化与现代化，都将会迅速地改变乡村面貌。在这一过程中，乡村类文化景观将如何变化，成为亟须进行深入研究的课题。研究乡村类文化景观，要涉及经济、社会、建筑、技术、历史、艺术等多方面内容。要实现乡村的可持续发展和健康的乡村生活，还必须意识到需要保持特色鲜明、充满魅力的村容镇貌，必须关注整个乡村地区的自然环境和人文环境，主要体现在维护生态环境、乡村面貌、传统民居、民间习俗、价值观念的和谐统一，其中文化景观的保护应该成为促进和谐统一的积极力量。实践证明，只有满足当地民众对生活家园的精神需求，民众才会倾心地进行乡村类文化景观遗产的保护。

自 2001 年，世界遗产委员会决定将第一处《世界遗产名录》中的文化景观遗产，菲律宾伊富高梯田列入《濒危世界遗产名录》以来，乡村类文化景观在社会、经济和管理上的脆弱状态，引起人们的关注。在乡村类文化景观的保护过程中，浙江省的诸葛村曾经走过弯路，也创造了经验。1996 年，当地政府认为诸葛村体制机制不活，为了旅游开发，成立了以镇政府为主管的“诸葛旅游公司”，由于乡土建筑产权为集体和村民所有，旅游公司既没有资产、也没有资金投入，反而经营起原本不属于自己的旅游项目，使村民十分无奈，进而产生抵触情绪，严重影响了保护的积极性。1998 年之后，当地政府退出对旅游公司的直接管理，经营权重新归还给诸葛村集体和村民，解决了产权经营层面上的矛盾，村民保护的积极性被调动起来，加大生态环境改善、基础设施建设的力度，使整个乡村类文化景观形成有机的整体。同时摸索出适合自身特点的旅游运作体制，即所有资产属村集体所有，村民也就是股东，资产管理集体化、旅游经营市场化。这一运行机制得到村民普遍认可。经过几年艰苦努力，村落旅游业健康发展，同时带动了交通运输业、餐饮住宿业等相关产业的发展，增加了集体和村民的收入，并将所有可支配的集体资金集中用于乡土建筑保护和旅游发展。

如今，对于一直持续使用的诸葛村而言，被称为“活着的古村落”，居民基本维持着原有的生活方式，传统建筑与使用者的生活密不可分。近年来，诸葛村成立了“古村落保护专家组”，定期与村委会进行沟通，对保护工作中遇到的各类问题给予指导。文物保护专家经过深入的社会调查，详细了解村落中居民的生活状态，制订出具有可操作性的保护规划，在保护村落整体布局的同时，注重维持独具特色的乡村类文化景观。在这一过程中，村民的意愿得到尊重，村民的保护意识也由此得到提高。诸葛村在专业人员的指导下，逐步培养出一批由村民组成的乡土建筑维修人员，负责全村传统建筑的日常保养，使一些乡土建筑工程做法得到传承，传统建筑也在循环维护中保持良好的状态。其中一座20世纪70年代建造的大礼堂，在形式、颜色、体量上与传统建筑差别较大，原计划待经济条件允许时着手拆除。但是由于游客数量持续增长，暂时保留作为游客中心，利用率较高。然而随着文化遗产保护理念的进步，考虑到村落内应尽量保留各个时代的历史信息，由于大礼堂的独特风貌体现出村落发展的特殊阶段，对其价值有待进一步评估，因此决定对大礼堂加以修缮保留。

针对各地大量历史文化村镇被破坏的状况，近年来，建设部、国家文物局共同设立了“历史文化名镇”和“历史文化名村”制度，先后公布了四批共251处国家历史文化名村、名镇。多年来历史文化名村、名镇的评选，虽然对推动历史文化村镇和乡土遗产保护起到了不可替代的作用。但是，历史文化村镇原有的定义与保护方式，已经无法涵盖保护的全部内涵。例如历史文化村镇在我国文化遗产保护领域，长期被作为文物建筑或历史建筑群来看待，然而，一个完整的历史文化村镇不仅是其中的文物建筑或历史建筑群，还应当包括人们生产劳动的场所，包括村镇赖以存在的自然环境，包括当地民众的传统行为方式。因此，应该强调历史文化村镇的整体保护。按照合理的文化遗产分类体系，历史文化村镇应当归属于乡村类文化景观。乡村类文化景观是在长期历史发展过程中形成的，并具有持续发展和不断变化的特点。保护乡村类文化景观不仅要保护村落的传统建筑，还要保持村落的经济形态和人们的行为模式。文化脉络的完整与延续，必须成为乡村类文化景观保护的核心。当地民众是乡村类文化景观的重要组成部分和保护的主要力量，在保护的过程中，应重视村镇发展中当地民众的利益诉求，维护乡村类文化景观发展途径的多样性。

自20世纪初期至70年代，美国的城市、郊区和工业发展指数成倍增长，对文化遗址的“建设性”破坏事件也急剧增多。伴随有利可图的文物交易市场得到扩展，也使对考古遗址的毁灭性盗掘日益猖獗，对文化遗存的破坏达到了一种空前的、令人担忧的程度。为了应对这一挑战，在20世纪60年代末至70年代初，美国考古学界提议制订一个全方位的保护计划，该计划被后来颇有影响的发言人C.R.麦克基米西（C. R.MoGimsy）命名为“公共考古”[①]。目前在美国，几乎每一个州都有自己的考古教育计划和项目。在专业团体的指导和密切合作下，联邦、州政府的这些计划和项目，大大地促进了公众对文化资源保护意识的提高。实践证明，美国公共考古教育的发展得益于考古学界与教育界之间、专业机构与业余组织之间的紧密合作。在20

① 崔玉范：《美国的公众考古教育》，载《教育学研究》，2007（8），123页。

世纪80年代后期，美洲考古协会创立了“为了未来而挽救过去”工程。该口号已经被许多以教育为导向的北美考古工作者所广泛使用。只有通过公众教育，使人们认识到保护文化资源是自己的责任和义务，并成为自觉行动，保护文化遗产的任务才能完成。公共考古教育，不仅是保护文化资源的需要，也是公众自身的需要。公众需要了解自己的过去、关注自己的现在、展望自己的未来。

民间艺术的土壤在民间、根基在民间，其艺术生命也在民间，因此，非物质文化遗产保护传承要扎根民间，逐步深入到民间传说、民间乐器、民间技艺、民间歌舞、民间制造等领域，对其表现形式、流传区域、历史沿革、传承现状、保护价值等进行调查登记，有针对性地研究保护传承方式。“重保护更要重延续”。在我国昆曲被称为“百戏之祖”，明朝发源于苏州昆山一带，是我国现存传统戏曲中最古老的剧种之一，融文学、戏剧、表演、音乐、舞蹈、美术于一体，集我国古典艺术与美学之大成，是东方艺术的杰出代表。南新仓位于北京市东四十条22号，明代永乐七年（1409）在元代北太仓基础上建造，是古代京杭大运河南粮北运的终点。南新仓建筑四季恒温，湿度适宜，是我国最原始的物理性生态建筑。2007年5月18日，在入选世界非物质文化遗产名录6周年之际，昆曲在南新仓找到了理想的展示空间。600年的南新仓与600年的昆曲的联姻，是物质文化遗产与非物质文化遗产的完美结合，厅堂版昆曲《牡丹亭》依托南新仓这一特殊文化景观，呈献给人们特殊的文化享受。田青先生说：“在娱乐盛行的舞台上，厅堂版《牡丹亭》能够让我们有一种精神上的享受，让喧嚣浮躁的现代人感受到宁静，欣赏到优雅，触摸到婉约。”

由于历史沿革和城市区划的原因，一座城市往往被分解成为许多社区，人们在社区内及其附近几个社区范围内可以获得各种生活需求和体验。对于居住在社区内部的许多民众来说，他们住所周围的社区，就相当于他们生活的整座城市，而城市中大多数的标志性公共建筑则与他们的日常生活基本无关。他们主要通过各种特殊的社会活动，以及礼仪庆典来认识和熟悉邻里。通常，每年的节庆日都会激发居民走出家门，参加社区的各类活动。H. 列斐伏尔（H.Lefebvre）将上述这种空间看做是“生活的空间”或“居住空间”。城市中这些历经沧桑的空间，正是因为人们的居住和生活，才获得了各具特色的文化性格与特征，因此这些空间也称为“文化空间”。这些空间与城市中以标志性建筑群为主形成的空间截然不同，它们充满了温馨与情感。法国人类学家 M. 奥格（M. Augé）将诸如机场车站、购物中心、宾馆酒店等地标类型的空间称为非场所空间。“文化空间”与非场所空间截然不同，“文化空间”无法经过设计在短时期内建造出来，因为“文化空间”具有内在的生活方式和生活规律，“文化空间”离开了人们的居住和生活便失去了存在意义。

文化空间保护是一种整体保护文化遗产的理念和行动。文化空间保护更加注重物质文化遗产、非物质文化遗产、自然遗产的全面保护，多层面、多形式、多渠道地综合保护文化遗产，弘扬地域文化。文化空间是非物质文化遗产保护的重要场所，是民众通过各种实践、表演、技能、表现等形式，共同寻找一种认同感、历史感和归属感的地方。文化空间中的原生态文化是生活中的文化。它往往按历史传统、岁时节令和民间习俗演示，在特定的文化时间和空间中就地展现。所以，任何经过迁移、模仿、改变、移动、人为变化后的演示，都难说是真正的原生态文化。要欣赏真正的原生态文化只有到田野去，尊崇当地风俗习惯，在人生体验中体味这种天籁般的文化。①

① 李松：《原生态文化是生活中的文化》，载《中国艺术报》，2007-05-15（3）。

原生态文化是一种生活，是人类文化多样性的生动现实，文化传承的精神血脉。文化空间虽然没有围墙，但是存在于一定的范围之内，即物质与非物质文化遗产的地区分布。然而，这一空间往往并不仅限于一个村寨或数个村寨的范围，一个人口较少民族的集中居住地区，可能都是它传承和展示的空间。物质与非物质文化遗产所构成的文化空间，从进行保护到实施管理，都必须避免外界力量的过度介入，尊重当地民众的自决权和参与权，鼓励当地民众对自己生活环境乃至自身命运发展的选择。

文化空间是在文化的原生地保护物质文化遗产、非物质文化遗产和自然遗产，对文化遗产更加强调整体保护，它的范围往往涵盖整个文化社区。文化空间保护努力使文化拥有者自己成为文化遗产的主人。这种思维方式为非物质文化遗产的保护提供了一种动态的、鲜活状态下的保护模式，即将非物质文化遗产保护在其孕育和发展的原生环境之中，并由原生环境中的人作为载体延续传承，使当地民众、保护对象和原生环境和谐地融合在一起，也只有通过这种方式才能客观地见证非物质文化遗产的发展和演变过程。保护人们世代生活其中的文化景观和文化空间，是当地民众的共同愿望。尊重与保护民众赖以生存的村庄、住宅和生产生活设施，维护他们的物质财富和文化权益，不仅是一种社会良知，更是号召全体民众以自己的双手建设美好家园的基础。只有充分尊重各个民族所创造和保有的文化景观和文化空间，充分调动民众的积极性、自主性和创造性，鼓励民众成为保护的主人，文化景观和文化空间的保护才能有效地开展，才能使保护行动成为安民工程、惠民工程，保护的目标才能最终得以实现。在我国，公众参与应从鼓励当地居民参与保护自己的生活环境，保护家乡的文化景观和文化空间为起点，逐步发展成为全国性的公众参与机制。

文化传承是指文化从一代人传到另一代人的文化传播过程，也称文化继承；文化扩散是指某种文化事象从源地通过各种形式由一地到另一地的过程，也称文化迁移；没有文化传承与文化扩散就没有文化的发展。因此，文化传承和文化扩散是文化传播的重要形式，是文化历史发展的反映，也是社会生产力发展的必然趋势。在我国，手工制作涉及人们生产实践和生活需要的各个领域，有着完整而发达的手工生产体系，形成了诸多木作、雕琢、烧造、冶炼、铸造、錾锻、纺织、印染、缝纫、刺绣、编结、彩扎、髹饰、装潢、制笔、造纸、印刷、制革、酿造、榨取、烹饪、炮制等难以尽数的专门技艺、技巧和知识。以手工生产方式为基础的我国传统技艺，是蕴涵中华民族文化精神和创造智慧，彰显中华文明独特品格和民族气质，凝聚中华造物技术思想和实践经验，体现各族人民卓越创造力和雅致生活情趣的珍贵非物质文化遗产。①今天，对于手工制作专门技艺的保护，不能将它们从生存的环境和背景中割裂出来，这样只能是切断自我更新、自我创造的能力，最终使根基受损，而是要尊重其内在的丰富性和生命特点，为手工制作专门技艺的文化传承提供宽松的环境和条件。

近年来，针对控拜村落文化空间及村落文化集体记忆可能断裂的风险，由贵州省文物部门支持、贵州师范大学实施的控拜村银饰技艺保护与传承项目，在这方面进行了有益的尝试。项目的重点是探索保护苗族银匠生存的文化土壤——控拜村落文化景观，延续银匠技艺传承的文化精神，这是当前文化遗产，尤其是文化景观遗产保护的热点和难题。在项目研究中，坚持以村寨民众参与为基础，始终把控拜村落文化空间作为保护对象，控拜银匠作为保护主体。

① 翟群：《生产性保护是非遗传承的重要途径》，载《中国文化报》，2010-06-19（1）。

在问题识别和需求评估中，对留在村里和长期在城市生存的银匠给予了同样的关注。在调研的基础上，从构建村落文化集体记忆入手，根据需求评估，项目实施小组、村民和银匠共同讨论制订村落文化空间保护活动，探索村落文化集体记忆构建下的村落文化空间保护模式。以村落文化空间为保护对象，就是要把村落依存的山、水、林、田、路作为文化诞生的摇篮，把村落中的房屋、道路、公共活动空间和与日常生产、生活相关的一切活动作为文化的载体，把村落的各项活动作为文化集体记忆的对象，延续留存在村民脑海中过去的文化记忆，维护村落文化景观的演进性，保持村落文化空间的生命力和感染力，进而实现把村民和银匠作为文化遗产保护的主体。

通过以村落文化集体记忆构建为目的的项目活动，使控拜村落文化空间承载了共同的文化事项，将村落文化的物质形态和精神价值完整结合，让村民们充满了对村落集体文化的自信心和自豪感，实践了文化空间的可持续保护。贵州省文物部门经过调查，明确了制约控拜村落发展与文化景观保护的一些关键问题，包括村落基础设施条件差、个人市场应对能力弱、村民生活资料负担重等，而现阶段在村落文化空间保护中，往往轻视正常的文化变迁规律，只注重静态地保护村落中有形的文化遗产，机械地维持村落中非物质文化遗产的原生态，而忽视了村民内在的追求现代生活的动力，影响了村落的发展能力。针对这些问题，制定了从构建社区文化集体记忆入手，根据需求评估，示范性地开展了村落基础设施集体建设、银饰制品集体创作、村落记忆集体收集与展示等活动，探索文化集体记忆构建下的村落文化景观保护模式，以及吸引银匠回到控拜村传承银匠技艺，保护苗族银匠诞生的文化土壤的项目目标，探索基于发展的控拜村寨文化景观保护与传承的模式。这一系列具有特色的项目活动和保护措施，成功地激发了控拜村落民众对本民族和本村落文化遗产的关心，抒发了建设家乡的极大热情，自觉地维护控拜银匠村落的荣誉和独特的村落文化景观。①

民俗类文化景观始终贯穿于民间生活之中，涉及乡规民约、节庆风俗，集壮丽美与朴素美于一身。近年来，我国绍兴古城加强对整体文化景观的保护，重点保护和延续古城山形水系，宋代以来的街巷格局，小巷小弄的传统韵味；保护和延续“南高北低”、“西高东低”的空间形态，确保古城空间轮廓和视线走廊的通透性；保护和延续古城的传统风貌，保持小桥、流水、人家的生活意境；保护和延续粉墙、黛瓦、坡顶、青石板的建筑格调，使古城的文化景观达到整齐、美观、和谐。同时，保护和延续以鲁迅为代表的名人文化，以黄酒为代表的物产文化，以越剧为代表的戏曲文化，以兰亭为代表的书法文化，以乌篷船、乌干菜、乌毡帽为代表的民俗文化，使古城绍兴始终沐浴在浓厚的文化气息之中，既展示出城市文化景观的特色，又彰显出城市历史文脉的个性。无锡市在文化遗产保护的蓝图中，把民俗类文化景观遗产保护放到了重要位置。按照“护其貌、显其颜、铸其魂、扬其韵”的基本思路，努力抢救、发掘、保护历史文化村镇和乡土建筑遗产，而且不断扩大保护的范围，使更多的民众参与其中，凭借当地民众熟悉地方风土人情的优势，使保护的数量持续增加，并通过乡土建筑和文化景观遗产的保护，使文化旅游得到发展。

为了使独具特色的非物质文化遗产得以保留和弘扬，必须坚持“整体保护”的原则，对非物质文化遗产及其生存空间实施全方位保护。非物质文化遗产的保护是一项长久的、浩繁的工程，需要统

---

① 但文红，宋江，彭思涛：《控拜苗寨 集体文化记忆的传承与保护》，载《中国建筑文化》，2009（2）。

筹考虑。因此，要把抢救作为重中之重，要在保存记录现存的非物质文化遗产的同时，对珍贵的濒危的非物质文化遗产进行优先保护，要统筹协调各种保护措施。非物质文化遗产的保护措施多样，包括调查、保存、确认、传承、发展、教育、研究、宣传、传播、利用、命名、表彰、实行区域性整体保护等等，这些保护方式，有的适用于所有非物质文化遗产，有的适用于多种非物质文化遗产，有的仅适用于一类非物质文化遗产。因此，在开展保护工作时，应该针对非物质文化遗产的现状采取不同的保护措施，防止一刀切。非物质文化遗产所涉及的不仅仅有国家的利益、社会的利益，还有族群的利益、社区的利益和个体的利益；既有创造者的利益，也有使用者的利益；既涉及精神权益，也涉及物质权益。因此，应该设立相应的机制，确认维护创造并传承非物质文化遗产的相关群体或个人的文化话语权、文化发展权、文化选择权，从而唤起文化自觉，实现保护与利用的双赢。与此同时，还要平衡公众利益和专有权利的关系，使各方利益得到平衡。

中国文化遗产保护无锡论坛——文化景观遗产保护（2010 年 4 月 10 日）

创新文化景观遗产保护实现方式[①]

（2010年1月）

进入21世纪，以生态学、环境学、景观学和社会学等为基础的可持续发展理论和科学发展观思想，带给人类对于文化遗产保护诸多新的思考、新的实践和新的技术。文化景观遗产的保护也应进行跨越学科和时空的探索，通过一系列先进理念、先进手段和先进

西藏林芝格萨尔古堡（2011年8月1日）

① 单霁翔：《走进文化景观遗产的世界》，天津，天津大学出版社，2010。

方法，寻求人类明智地管理和维护文化景观遗产的新经验。在我国，应将国际领域的保护理念和保护体系，与我国既有的保护理念和保护体系进行科学比较研究，不断充实、提高、完善现有的文化景观遗产保护的理论、方式和方法。

考古遗址及其环境的整体保护，是国际文化遗产保护领域的一项重要课题，涉及文化遗址保护、生产发展、城乡建设等各个方面，需要协调解决社会、经济、文化、生态等诸多问题。我国的考古遗址占地规模较大，小则数万平方米、大则数十平方公里，甚至达到上百平方公里，其规模特点决定了这些考古遗址的保护和利用与周边地区的社会生活、经济发展、生态环境具有直接的、显著的利益关联。特别是考古遗址背景环境的保护，更是文化遗产保护领域中保护措施综合性最强、经费需求最多、受社会发展和人口、资源、环境影响制约最明显的内容。由于相当数量的考古遗址较早地被公布为各级文物保护单位，使它们比较完整地保存到了今天。几十年来考古发掘出土的遗址中的城墙、城门、城壕、宫殿、宗庙、邸宅、作坊、池苑、墓葬等各类遗址和数量众多的可移动文物，对古代历史的研究发挥了重要作用。按照《威尼斯宪章》所确定的基本原则，考古遗址保护既要“保持它们的整体性”，又要“用恰当的方式清理和展示它们”。今天，如何将这些随时可能消失的考古遗址妥善保护并留存后世，又要在精心呵护它们的同时，发挥其揭示史实、交流文化、陶冶情操、激发爱国热情的作用，已经成为遗址类文化景观保护亟待解决的现实问题。

在意大利，注重保护遗址发掘出土时的原状，不进行所谓的“重建”或“修复”。他们认为，在历史遗迹之上制作任何一种复制品，都将破坏遗址的历史真实性，扭曲它所传达的历史信息。在位于罗马市中心的著名“古罗马广场遗址”，除了凸凹不平的石板路、恺撒将军的墓室和仍然傲立苍穹的元老院石质门柱等少数遗迹之外，其余几乎全部是当年各类公共建筑物的残墙和地基。但这片规模宏伟的废墟，却强烈地映射出古罗马文化的辉煌和一代帝国的气势，成为不加任何“重建”或“修复”的露天博物馆，堪称当今遗址类文化景观遗产科学保护和合理利用的典范。[①]每年来此参观的数百万游客，可以在这里贴近历史，怀古思今。而专家学者们则可借助这片废墟，探索当年的经济、文化和社会形态，揭示考古遗址的多重价值。近年来，我国无锡鸿山遗址的保护实践，探索了文化景观遗产保护的新思路，在保护与整治过程中，并没有简单地将文物保护与遗址所在区域的经济社会发展视为一对矛盾，而是在充分评估遗址所在区域各方面资源对文物保护影响的基础上，在有效保护遗址真实性和完整性的前提下，通过不同级别保护区的划定与管理，在有限的区域内成功地实施了区域资源的整合，将遗址保护展示与环境整治、生态保护、农民生产生活改善和地方社会经济发展有机结合，实现了遗址类文化景观保护与区域经济社会发展的双赢。

面对大遗址保护状况日益恶化的形势，面对大遗址所在地人们对人居环境改善的渴望，文化遗产保护必须要有明确的对策，对城市发展和民众生活给予充分的关注，其核心问题是如何处理好减缓和制止大遗址保护范围内的城市化进程，与妥善处理当地民众脱贫致富、发展生产、改善生活的关系。例如为了从根本上缓解城市化进程对良渚遗址保护形成的压力，良渚、瓶窑两镇制定了“跳出遗址区求发展”的规划战略，在遗址区外开辟新的发展空间，实现建设重心的转移，并逐步吸引遗址区内人口向外转移。这一战略思路

① 穆方顺：《意大利：让文物古迹与历史衔接》，载《光明日报》，2007-06-08（8）。

的成效逐步显现，瓶窑镇已将政府机构和公共设施迁至保护区外，以带动城镇中心的转移，两镇主要的工业企业也已从遗址区内转移至遗址区外。以政府收购、外迁安置等多种形式，搬迁了莫角山遗址上的10余家企业，拆除占压遗址的建筑，使遗址核心区的保护有了实质性推进，并对良渚遗址区周边的石矿全部实现关停整治，使环境风貌有了较大改观，104国道也已经避开遗址区南移绕道改建。良渚遗址管委会制订了相应的引导策略，规定重点保护区内原有建筑需改扩建的，必须向非重点保护区迁移，一般保护区内的也要创造条件向遗址区外转移，先后解决了遗址区内600多户危房户和住房困难户的住房问题，部分缓解了保护与发展之间的矛盾冲突。

我国的每一座历史性城市都有自己的发展特点，这些城市遗址是文化遗产中最宝贵的部分。特别是唐宋以后，这些城市的位置基本固定，使城市中心区成为“重叠式的城市”。虽然历朝历代都有变化，但是由于当时生产力水平低下，城市的基本规模和街道布局很难改变。这些大遗址中蕴含着极其丰富的历史文化信息，是我国考古学研究的重点。大遗址考古的每一项重要成果都会对我国考古学的发展产生积极影响。通过全面、系统地调查文化遗存分布状况；建立价值评估体系和记录档案；制订大遗址保护总体规划；完善科学规范的监测体系，使大遗址保护纳入科学化、系统化、规范化的轨道。在这些大遗址中有系统的文化遗存，将考古学、历史学与大遗址保护结合起来是十分有效的研究途径，针对一处大遗址可以从不同角度进行研究，以考古学研究为主，更多地吸收各个学科的方法和知识，将不同学科研究成果综合起来，逐渐接近研究对象的原貌。与此同时，面对大遗址内复杂的遗迹现象，必须树立发掘对象本身往往就是保护的主体、发掘的过程往往就是对历史信息的破坏过程的理念,考古发掘工作的每一个步骤都应在认真论证的基础上,充分考虑今后保护、研究和展示的需要,慎之又慎地确定取舍。

近十年来,成都市组织考古工作者开展的考古调查和抢救性发掘上千项,出土各类文物标本达20余万件,发现以府南河为主要标志,面积达20平方公里的成都旧城区,是一处从先秦一直延续到明清时期的特大型遗址,考古发现已清楚勾勒出秦、汉、唐、宋、元、明、清各不同时期成都城市格局的发展演变历程。特别是2001年2月,在成都青羊大道西侧金沙村一带发现了商、西周时期的金沙遗址。把成都旧城区作为一处特大型遗址保护,有利于制定完善的保护规划和措施。通过考古勘探、发掘,对旧城区文化遗存的年代、性质、分布范围有了较为清晰的认识:该区域内已知最早的人类活动可以追溯到四千多年前宝墩文化时期;距今三千多年前约当商代中、晚期的蜀文化遗址在旧城的西部和南部沿古河道广泛分布;西周至春秋战国时期文化遗址密度明显加大,呈现向东扩展趋势;秦汉时期文化遗址继续向东、向南扩展;唐代中晚期成都城向东、北、南三个方向大规模增扩城池,开始形成以府南河为重要标志的成都城市格局;宋、元、明、清城内街道布局虽然发生变化,但总体格局依然保存。通过考古调查发掘可以证明,成都的建城史已由原来距今2300多年提前到了3000年前左右,不仅极大地丰富了成都历史文化名城的文化内涵,而且为城市的发展注入了新的活力。

张忠培先生指出,"中国的现代城市下面都有古代的城市,乃至史前聚落。总之,现代城市是古代城市的延续,存在着一部由遗存表述的历史"。人们通过考古发掘,认真做好绘图、照相和文字等记录,对文化遗址予以研究,揭示遗存的历史、科学和艺术价值,这些都是对文化遗存的重要保护手段。但考古发掘本身,则是对文化遗存的破坏。“所以考古对遗存来说，具有两面性，即破坏与保护”。任何时代的考古学都有局限性。如果我们不能慎重考虑目前考古手段的局限性，正视目前科技保护的发展水平，就草率地实施考古发掘，所带来的破坏将是难以估量和无法弥补的。因此，要尽量减少用考古发掘的手段来揭示遗址，做好遗址的原状保护。实际上，今天由于科学保护、学术研究和陈列展示的需要，以考古手段进行发掘不可避免，那么在什么样的情况下才可以进行考古发掘呢？张忠培先生提出了三个条件：一是要有把握做到基本上能科学地揭示遗存，并且能从遗存中吸取它所包含的信息；二是要有把握做到对所揭示出来的必须保存的遗存能进行妥善的保存和保护；三是在现有的条件下，只能对有可能替代的遗存才能进行发掘。上述三个条件，是一个整体，能否发掘，必须对这三个条件同时进行考量。[①]

大遗址保护是一项牵涉多学科的综合工程，因此必须作为一个开放的系统进行谋划。树立大遗址是全社会的文化遗产，文化遗产的保护必须由社会全体成员来承担的理念，积极倡导多部门广泛参与和各领域密切合作，动员社会各方面力量投入到大遗址保护中来。尤其要加强大遗址保护相关法律和政策研究，解决好大遗址保护的资金支持问题，开辟资金多元化筹集渠道，使大遗址保护走上更加广阔的发展道路。大遗址保护最重要的目的在于激活湮灭的历史，传承悠久的文明，让公众了解大遗址所传达的历史信息和文化内涵。要高度重视大遗址的展示系统，积极探索丰富多彩的大遗址展示方式。特别是位于城市中心区的大遗址，除了遗址区本身的展示外，还要在整个城市设计中规划大遗址的视觉形象系统，通过多种方式讲述历史事件和历史人物，让人们能够走进历史，实现与历史的对

① 张忠培：《城市考古与广州的城市考古》，载《中国文物报》，2008-08-01（7）。

话和交流。大遗址保护必须走法制化的道路。每一处大遗址都有其独一无二的历史价值，继承和保护都要严格遵守其特定的规律，在严肃、严密的法律法规框架内进行。要进一步提升大遗址保护规划的法律地位，大遗址保护规划应由地方人大审议通过，获得与城市发展战略规划和城市总体规划同等的法律约束力。同时，重要的大遗址都应制订单独的保护管理规定或条例，使大遗址保护管理有法可依。

近年来，殷墟考古遗址公园创新遗址展示的方法和手段，在国内首次综合采用了大规模地表植被、砂石标识地下遗迹形制，遗址本体地下封存等保护展示方法。例如对宫殿宗庙区的建筑基址采取地下保存、地上标示的方法进行保护展示；对重要墓葬及随葬品进行复原展示；对王陵区采取建设大型保护设施和地下封存、地表标示相结合的保护方法。特别是以这种方法为主要展示手段的王陵遗址，形象地展现出地下遗址的分布和形制，既保护了深埋地下的遗迹，又取得了良好的展示效果。殷墟遗址博物馆虽然距离遗址区较近，但是由于布置在遗址一侧靠近河道的树丛中，达到了隐蔽的要求。同时，殷墟遗址博物馆修建于地下，地表用植被覆盖，充分保护了遗址的原有面貌。殷墟遗址公园的现场主要展示不可移动的文化遗迹，而对于可移动并且体量较小的文物或不宜置于室外的实物资料，则汇集起来存放于殷墟遗址博物馆内展出，避免散失或在自然条件下遭受进一步的破坏。馆内集中展示了50多年来在殷墟发掘出土的500多件文物精品。所有这些努力，使殷墟遗址成为集遗址保护、文化展示和生态景观观赏为一体，极具综合效果的大型考古遗址公园。近年来，殷墟遗址年均接待海内外游客由原来的不足10万人次，增至现在40万人次，间接旅游综合收入更是大幅度提升。

景德镇生产陶瓷已有1000多年历史，延续不断，在长期的生产实践中积累了丰富的经验。景德镇御窑厂遗址，是专门为明清宫廷生产瓷器的皇家窑场，总面积约为13.1万平方米，自明代洪武二年开设，持续烧造时间近600年。1982年至2004年，考古工作者多次对御窑厂遗址进行考古发掘，出土大量瓷片和窑炉遗迹，其中有许多重要的新发现，为研究明清御窑厂历史文化提供了新的信息、新的资料，对复原御窑厂的生产面貌和探讨御窑厂的管理制度等方面有重要的学术价值。近年来，景德镇市政府开展御窑厂遗址的保护，将遗址内包括市政府在内的所有单位搬迁。同时，实施湖田窑遗址围墙、界桩、界碑建设，重建了马蹄窑、葫芦窑保护设施，并对遗址重点保护区周边环境进行整治。景德镇御窑厂遗址保护实施以来，成为展示景德镇陶瓷文化遗产最重要的组成部分，带动了景德镇老城区的文化遗产保护。湖田窑遗址，位于景德镇市东郊湖田村，是全国重点文物保护单位中最早的一处古瓷窑遗址，其保护范围26万平方米，是我国目前发现的生产规范最大、延续烧造时间最长的窑业遗存，是景德镇千年陶瓷文化的发祥地之一。湖田窑遗址保护实施以来，提高了遗址的品位和观赏性，改善了遗址周边环境，延长了参观展线，外来旅游人数显著增加，促进了文化遗产保护与经济社会协调发展。

含经堂在《圆明园遗址公园规划》中曾被列为重点重建项目。2001年4月，考古单位对含经堂遗址进行系统的考古发掘，共发掘遗址面积近4万平方米，发现蕴真斋、淳化轩、看戏殿、扮戏楼、理心斋等规模宏伟的早期建筑遗址，揭示出重要宫殿建筑基址和景点近20处。从实际发掘情况来看，含经堂遗址保存状况较好，类型多样，各种建筑基址形状、规格、结构关系清楚；发现的排水系统和地下供暖设施在已知历史文献和档案中未曾明确记载；保存有相当多的构件，反映出当时庭院布置、建筑的局部构造等技术细节。此外，含经堂遗址区发现了大量当年英法联军焚毁圆明园的遗迹，如大片已经迸裂的宫殿地面和被烧焦碳化的木桩、戏台地板、古树及各种文物等。这些发现具有极高的历史研究价值，成为圆明园内又一处对我国近代历史具有见证意义的大型遗址，其自身价值超过重建所能体现的价值。经过专家论证，最终确定不再进行建筑复原，而对遗址实施全面保护。从 2002 年 11 月开始，含经堂遗址展开大规模保护工程，对所有遗址的保护都采取了“可读”、“可逆”的做法。“可读”，即遵照历史真实性原则，明确平面柱位、墙体、甬道、台阶位置；广泛收集散落的建筑构件，认真查对后原位归安，原有残迹与现代增加的保护设施作出区别。“可逆”，即在严格保

重庆白帝城（2010 年 8 月 26 日）

留遗址遗存的前提下，将遗址以三合土填夯、封闭；对于某些必须暴露的残迹展示，建造可拆卸的保护棚罩。通过以上做法，含经堂遗址较为真实地反映了其携带的历史信息，所附加的现代手段和保护设施也能够与原有遗迹相协调。从2003年开始，圆明园又开始实施九州清晏景区山形水系的保护性整治，所采取的措施仍然是按照原有的版图，对山形水系和考古遗址实施保护，同样不进行建筑复原。

三峡地区包括西起重庆，东至宜昌，长江及其支流流经的地域。作为一个相对独立的地理单元，同时也是沟通四川盆地和江汉平原的咽喉地带，千百年来的人类活动留下了众多的遗址和文化景观。三峡水库的建设将使原有文化景观彻底改变。三峡工程库区涉及文物保护项目共有1087个，其中地下考古发掘项目723个，地面文物保护项目364个，按计划都将在2009年三峡工程四期蓄水前得到抢救与保护。其中地下文物的总勘探面积达1600万平方米，考古发掘面积为187万平方米。一时间，全国110余家考古科研单位、文物保护工程单位和高等院校师生，累计5000余名专业人员云集三峡工程库区，考古发掘出土大量城址、居住址、墓葬群和冶铸遗址、盐业遗址和窑址等。在地面文物方面，发现古代枯水题刻6处和宋代以来洪水题刻十余处，东汉石阙和唐宋明清的摩崖造像、碑碣、摩崖诗文题刻几十处。另有庙祠、民居、桥梁等明清建筑近300处，包括数处规模巨大的古栈道、纤道等。其中忠县石宝寨、涪陵白鹤梁、云阳张飞庙、秭归屈原祠，被列为四大地面文物保护项目。石宝寨以抬升寨墙的方式进行原地保护，白鹤梁水文题刻采取措施在水下原址保护，而云阳张飞庙和秭归屈原祠则采取异地搬迁复建方式保护。

石宝寨位于四川忠县长江北岸，其寨楼是我国现存体积最大、层数最多的穿斗式木结构建筑。玉印山独有的自然风貌与寨楼建筑紧密融为一体，产生出特有的审美效果，整个建筑组群因依傍长江的独特位置，采取灵活巧妙、因地制宜的布局形式，创造了文化景观与自然环境紧密结合的独特价值。但是，当三峡水库蓄水水位达到 175.0 米时，石宝寨周围包括寨门将全部被淹没，成为孤岛。针对石宝寨保护问题，先后有原址围堰、迁移保护等多种方案。在此过程中，人们认识到一旦失去真实的环境依托，石宝寨的杰出价值必将受到很大影响，因而采取原址保护方式，整体保存寨楼和环境的关系具有充分的必要性。同时，经过深入的价值评估、保护状况评估和地质勘测调查，证明了原址保护的可行性，并获准实施。考虑到玉印山地质状况和水库运行方式，保护方案几经修改。由最初提出的“围堰”方案，而后提出的“护坡加仰墙”方案，到最终确定的“护坡加钢闸门”方案，经历了积极而慎重的决策过程。实施

四川千佛崖摩崖石刻（2010 年 11 月 24 日）

方案为沿石宝寨四周砌筑围堤，但在寨门前留约 50 米豁口，以活动钢闸门代替部分仰墙。高水位时可关闭闸门保护寨门，低水位时可打开闸门，恢复寨楼、寨门完整外观。实践证明，原址保护方式可以真实保存石宝寨的历史、科学、艺术价值，从而相对完整地保存其杰出的文化景观。

白鹤梁是位于重庆涪陵城北长江中的一条长约 1600 米、宽 10~15 米的天然巨型石梁。其上有自唐至清代众多文人镌刻的石刻题记 165 段，3 万余字，反映了 1200 余年间的水位情况。石梁上刻有石鱼 18 尾，记录枯水变化，可以推出长江枯水位和枯水发生的周期，具有重要的科学价值。白鹤梁题刻是我国乃至世界上，目前所发现的时间最早、延续时间最长且数量最多的枯水水文题刻。虽然在埃及尼罗河等世界大江大河中也有一些水文石刻，但是在时间和数量上均不能与白鹤梁题刻相比。因此，联合国教科文组织称其为“保存完好的世界唯一古代水文站”。由于三峡水库蓄水，白鹤梁题刻将淹没水下、沉于江中。同时，由于泥沙磨损和深水压力，题刻损坏也将加剧。如果实施迁移保护将会彻底改变题刻与其历史环境的相对关系，对真实性改变最大。而如果将大部分题刻封存江底，又将使其历史信息得不到充分展示，且会破坏题刻的完整性。为了保护这一世界独有的文化景观，经过科学论证，最终选定了“无压容器”方案，建设白鹤梁水下博物馆。即在原址修建壳体保护设施使题刻不受泥沙磨损，并调整壳体内外水压相等，使题刻免受深水压力影响。同时从岸边修建参观廊道，使游人可以进入水下参观题刻原物，真实地在原址保护了题刻的历史信息和突出价值，并使其得到充分展示。

2005 年 5 月，西安市为配合大明宫御道、丹凤门遗址的保护展示，从加强大遗址保护，改善城市生态环境出发，采取长效性的根本措施，对含元殿遗址前御道区域，不合理占压遗址的建筑进行一次性整治，完善了遗址保护展示设施且保存了环境，实现了含元殿遗址正式对外开放。2008 年 8 月，《大明宫遗址公园总体规划》通过专家论证。总体规划涉及考古规划、遗址保护与展示、景观及绿化、道路交通组织、主要服务设施、遗址管理等方面，体现了新时期文化遗产保护与推进城市现代化生活、调整周边产业结构的新思路，使文化遗产真正成为现代城市的资源，同时也成为人民生活的乐园。2008 年 9 月，《大明宫遗址考古工作计划》也通过了专家论证。随即大明宫遗址区保护工程正式启动，对素以脏、乱、差著称的大明宫遗址及周边道北地区进行全面整治。规划整治面积为 19.16 平方公里，其中大明宫考古遗址公园面积为 3.2 平方公里，拆迁建筑面积达 350 万平方米，涉及 10 万人口，投入资金 80 亿元。目前，大明宫遗址区拆迁任务已经完成，遗址环境得到全面改善。大明宫考古遗址公园已于 2010 年建成对外开放，届时，考古遗址公园周边区域也将通过环境整治，建设成为功能完备、环境优美、文化特色鲜明的文化城市示范新区。

一处过去生态环境恶劣、基础设施落后、不具投资潜力的地方，如今变成了令人向往的地方，大明宫考古遗址公园的建设获得了可喜的综合效益。在文化方面，城市获得了一个意义非凡的考古遗址公园，使大明宫遗址得到整体保护。在经济方面，考古遗址公园建成后改善了周边的投资环境，大大提升了周边的土地价值，吸引更多投资，增加城市经济收益。在生态方面，实现了城市中心的大型公园绿地，改善周边生态环境。在民生方面，解决了当地民众的居住条件改善，并满足人们日后的文化休闲需求。“当大明宫国家遗址公园像一块巨大宝石镶嵌在城市的中央并平和地融入西安人民的现实生活时，世人能感受到的仍然是震撼！”①

2009年6月，国家文物局和杭州市人民政府共同举办了主题为“大遗址保护与考古遗址公园建设”的良渚论坛，在广泛交流和研讨的基础上，形成了建设考古遗址公园的《良渚共识》，指出“考古遗址公园立足于遗址及其背景环境的保护、展示与利用，兼顾科研、教育、游览、休闲等多项功能，是中国大遗址保护实践与国内国际文化遗产保护理念相结合的有益尝试，是加强大遗址保护、深化大遗址利用与展示的有效途径，具有鲜明的中国文化遗产保护特色，符合现阶段大遗址保护的实际需要”。②

洛玻集团始建于1956年，经40多年的建设和发展，已成为集科研开发、生产经营、进出口贸易为一体的大型企业集团，厂区占地877.7亩（注1亩=666.67平方米），总资产41.6亿元，年产多种色调、规格的优质浮法玻璃2000多万重量箱。近年来，由于设备陈旧、老化问题日益突出，市场的冲击和环境保护的压力增大，洛玻集团整体效益下滑，生产线面临更新改造。洛玻集团厂区位于隋唐洛阳城宫城核心区，紧邻宫城中轴线西侧，文献记载和现有考古资料表明，该区域分布着九州池等重要考古遗址。九州池遗址位于宫城西北部的高地上，唐代为皇子、公主所居之地。由于隋唐洛阳城的地势西北高东南低，九州池内的水向宫城辐射，构成了水网密布、殿台楼阁点缀其间的宫苑园林胜景。文献记载这一区域内有仁智院、集仙殿、瑶光殿、德昌殿等重要宫殿建筑。要实现隋唐洛阳城核心区的全面保护，洛玻集团厂区搬迁势在必行。对洛玻集团现有生产

① 周冰：《唤醒对历史的共同承担》，载《中国文物报》，2008-12-03（6）。
② “大遗址保护良渚论坛”全体代表：《关于建设考古遗址公园的良渚共识》，载《中国文物报》，2009-06-24（2）。

线、办公区以及其他附属设施实施整体搬迁改造，实施上述遗迹保护展示，有利于扩大隋唐洛阳城核心区保护展示规模，使明堂、天堂、应天门区域同九州池区域连成一片，形成一个整体，特别是洛玻集团目前正准备全面进行炉窑改造、更新，此时实施搬迁，工程量小，成本较低，而错过这个时机，改造完成后再搬迁就很难实现。

当前，虽然我国总体上还处于工业化的中期，但是沿海城市和中心城市以及一些传统工业城市的经济社会结构正在发生着根本性的变化。这些城市中的工业发展，必将由制造业为主体开始向服务业转型，管理方式从政府为主体向市场和公众管理转型，增长方式从数量扩张向质量内涵提升转型，发展内容从注重经济向注重文化和服务社会转型等，在这一转型过程中，必将伴随产业类型、空间结构、社会形态、意识行为等方面的变化。在这一迅速转型和激烈变化的形势下，如何使更多的优秀工业遗产得到妥善保护，如何形成我国工业遗产保护的整体思路和方法，是需要不断思考和实践的重要课题。当前的行动应当包括，将工业遗产作为重要的普查对象，对工业遗产的认定、保护和合理利用制订相应的标准；开展工业遗产保护相关法规、规章的制订，使经认定具有重要意义的工业遗产通过法律手段得到强有力的保护；对于列入文物保护单位的具有重要意义的工业遗产，最大限度地维护其功能和景观的真实性和完整性，原状保护必须始终得到优先考虑；通过持续性和适应性的合理利用来证明工业遗产的价值，进而使人们自觉地投入保护行列，并引导社会力量进入工业遗产保护领域；注重工业遗产保护的宣传与教育，使专业性工业博物馆和处于妥善保护和开放状态下的工业遗产地成为宣传工业遗产价值和保护事业的重要场所。

近年来，上海在加大工业遗产保护力度的同时，对 100 余处工厂、仓库等近代工业建筑进行保护性再利用。老厂房、旧仓库等蕴含着大量历史文化信息，内部空间又适宜改建利用，为文化创意产业发展提供了外部条件。工业遗产保护是城市文化发展的组成部分，与城市文化发展战略紧密相关，而工业遗产再利用的实践将催生新的文化诞生，可以实现文化创新与经济发展的双重目标。工业遗产保护与再利用应结合旧城更新、滨水地区复兴、大型城市活动等加以文化创造，会取得意想不到的效果。2010 年举世瞩目的世界博览会在上海举办，各国场馆的建设，城市基础设施的完善，在一定程度上改变了城市原有的格局和空间规划，应该说是上海城市发展的机遇。世界博览会场址的确定，以“正生态”环境建设为规划目标的同时，包括利用老工业厂房建造大型会展设施等，一系列工业遗产保护与利用项目，为上海工业遗产保护提供了契机。世界博览会要向世界全面客观地展示上海的城市风貌，其中 40% 利用的是原有建筑，在这一过程中，尽量保留工业建筑的原有文化信息，同时，尽量满足世界博览会的多样化需要，展示上海工业建筑群的风采，实现工业遗产的独特价值。

长期以来，随着南通工业结构重组，发展重心南移，唐闸镇多数传统产业终因种种原因被时代抛在了后面，成为一座孤岛型的老工业城镇。城镇中不少企业停产、商业凋敝、环境恶化，曾经创造奇迹的近代工业建筑群，成为城市沉重的历史包袱。在持续了 20 多年的衰落、萧条之后，百年工业老镇的工业遗产，却在被人遗忘中由历史的包袱，变为城市的宝贵财富，虽然也经历了小规模的拆建改造，但是近代唐闸的空间布局没有被现代建筑所破坏，仍然保持着 20 世纪 20 年代工业城镇的肌理，这在我国的近代工业遗存中已经难以寻觅。例如完整保留下来百年工业老镇的基本格局，保留下来大生企业群体的众多工业遗存，保留下来包括大生纱厂、复兴面粉厂、资生铁冶厂、广生油厂、大生织物公司、大达内河轮船公司、通成纸厂，以及实业小学、敬孺中学、唐闸工人子弟小学等一系列工业遗产和近代建筑，留下了通扬运河两岸密布的具有西洋风格的近代商业建筑群、规模宏大的近代仓储建筑群、高门大院的传统民宅建筑群，以及红楼、医院、戏院、公园、码头、菜场、船闸等全套社会生活历史景观，构成运河两岸工业遗产与河岸风光交相辉映的文化景观带，形成具有标志性的地域特色与生态环境，从而为今天保留下来一个近代中国著名工业重镇的历史风貌。[①]

今天，我国在经济转型发展过程中，在和平崛起的历史时期，更加应该具有综合性的眼光看待工业遗产，不仅关注工业遗产本身，还应该关注和挖掘与之相关的事件、人物，以及特定的历史阶段，从物质和非物质的角度全面认识产业类文化景观，才能更有利于工业遗产的保护和利用。辽宁阜新海州露天矿是我国第一个五年计划156项重点项目之一，因煤资源枯竭于2005年5月关闭。其遗址长4公里、宽2公里、深350米。海州露天煤矿全景式展示了现代我国工业文明百年发展的历史，曾被选入我国普通邮票和人民币背景图案，其丰富的人文遗迹和特殊的文化旅游资源极其罕见。今天，作为世界上最大的废弃人工矿坑之一，阜新海州露天矿将改建成为国家矿山公园。包括电镐、蒸汽机车、牵引机车、潜孔钻机等大型采掘设备，每一件展品的后面都有一串故事。此外，总建筑面积达5000平方米的A、B双体矿山博物馆正在紧张布展。博物馆将用高新科技手段揭秘煤从形成到被开采出来的全过程，用丰富实物展现煤化石、硅化石、玛瑙、玄武岩柱等罕见化石，再现不同年代矿工

① 姜平，张廷栖：《唐闸近代工业遗产》，载《江海文化研究》，2007（6），1页。

生活场景。矿山公园还将利用现存的85辆国内外生产的蒸汽机车和电机车，建设蒸汽机车博物馆，利用15公里矿山铁路，向参观者提供驾驶蒸汽机车、摄影观光等文化旅游项目。[①]

1958年，北京焦化厂开始筹建。仅仅一年时间，在北京东南郊近2平方公里的低洼荒芜的土地上，巨大的烟囱拔地而起，体形庞大的焦炉开始作业。我国自主研制的第一座炼焦炉生产出了第一炉焦炭，并第一次将人工煤气通过管道输送到北京市区，从此结束了北京没有煤气的历史。从第一座炼焦炉投产以来，这里共为首都输送商品煤气148亿立方米，替代燃煤2000多万吨。在不断扩大生产规模的进程中，发展成为国内最大的商品焦炭供应和出口基地。进入21世纪，伴随天然气进京以及城市建设的快速发展，焦化厂所处的地理位置和生产状况已不符合首都城市建设尤其是环境保护的要求。1958年，北京焦化厂因环境保护而建，48年后，北京焦化厂又因环境保护而停产搬迁，每年为北京减少二氧化硫排放量7500吨，减少烟尘排放量7321吨，减少污水排放量750吨。2006年7月，工厂全面停产后，计划于2008年3月前完成所有建筑物、构筑物、设施设备的拆除工作。但是，2007年，北京市“两会”期间，50余位人大代表、政协委员，针对北京焦化厂工业遗产保护问题，提出了6件人大建议和政协提案，同时，北京焦化厂职工对工厂情感深厚，也希望能加强工业遗产保护。由此，有着近半个世纪辉煌历史的北京焦化厂的命运发生了重大转折，由夷为平地转向了抢救性保护，由全面拆迁实施房地产开发转向了工业遗产保护。[②]

---

① 魏运亨:《世界上最大的废弃人工矿坑成为中国工业遗产旅游示范区》,载《中国文物报》,2009-05-01（1）。
② 刘月月：《辉煌 拆除 重生——记北京焦化厂工业遗产保护与开发利用》，载《中国建设报》，2008-11-18（2）。

文化景观概念的形成与社会基础[1]

（2010年3月30日）

长期以来，人类与自然之间在经济、文化和社会等因素的驱动下，产生了持续的交互影响，创造出延续性的关联状态。文化景观即是这一状态的表征与载体。不同类型的文化景观，依托所处的自然环境，深刻地反映出人类与自然之间的和谐进化历程。文化景观遗产的提出和相关保护理论的进步，涉及文化遗产保护学科的重大发展。在这一探索过程中，随着保护对象从文物、建筑群和遗址等，向文化景观遗产的延伸和扩展，文化遗产保护也必然呈现出新的气象。

一、我国文化景观概念的形成与社会基础

神州大地，是中华民族世代生息繁衍的地方。5000多年来，我们的祖先建设了无数的城市和乡村，创造了丰富多彩的文化景观，形成了非凡的环境理念，这些都是我国传统文化的重要组成部分。其中，关于自然地理与人文景观方面的研究具有悠久的历史。商周时期的《周易》就曾提出“视乎天文，以察时变；观乎人文，以化成天下”以及“仰以观于天文，俯以察于地理”等观点。成书于战国时期的《尚书·禹贡》，是我国第一部带有方志雏形的区域地理著作。以山脉、河流等为标志，根据地理环境各要素的内在联系与

① 此文发表于《东南文化》2010年第2期，第7页，2010年第3期，第7页。

差异，将全国划分为“九州”[①]，建立以华夏为中心的地域视野，表达了古代的区域观念，并对每州的方域、植被、土壤等自然形态，以及物产、田赋、民族、交通等人文景象，均做出简要的描述。同样成书于战国时期的《管子·地员》是我国最早的土地分类专篇，总结了我国远古时期农业生产的实践经验，把土地分为五类，即渎田、坟延、丘陵、山林和川泽，然后详细论述了各类土地与植物的关系，并根据各种土壤的生产能力划分等级，认为“地者政之本也，辨于土而民可富”，已具有因地制宜的思想。《管子·地图》则是我国最早的地图专篇，主要论述军事统帅在作战之前，必须了解诸如“名山、通谷、经川、陵陆、丘阜之所在，苴草、林木、蒲苇之所茂，道里之远近，城郭之大小，名邑、废邑、困殖之地”等各种情况。

先秦古籍《山海经》，包括《山经》和《海经》，内容庞杂，自然方面有山、川、泽、林、野、动物、植物、矿物、天象等，人文方面有邦国、民族、民俗、物产、信仰、服饰、疾病医药，以及帝王世系、葬地和发明制作等，几乎无所不包，其中所述地域、地望以及山水的走向大多可考，对于古代历史、地理等方面的研究具有重要价值。汉代关于自然地理与人文景观的研究著作颇丰。西汉学者司马迁所著《史记》是我国第一部纪传体通史，其中《货殖列传》可称为我国最早的经济地理论著。他根据游历黄河流域和长江中下游的见闻，以发展的观点观察社会经济活动的内容，根据地区的山川、物产、风俗民情等，将国土划分为“龙门碣石以北”、“山东”、“山西”、“江南”等4大经济区域，进而细分为12个小区，分别描述各地的自然与人文特点。同时，以城市作为地区的中心，对30余个城市的地理、风俗、交通、物产和贸易情况进行分析。东汉学者班

① 九州，即冀州、兖州、青州、徐州、扬州、荆州、豫州、梁州和雍州。

固撰写的《汉书·地理志》是我国最早以疆域政区为主体的地理著作，对汉代郡县封国的建制，以及各地的山川、户口、物产、风俗和文化等均做出综述。部分郡条记述了一些重要的自然和经济情况；在县条中，根据不同地区的特点，分别记录有关山川、水利、特产、官营工矿，著名的关塞、祠庙、古迹等情况。

北魏农学家贾思勰的《齐民要术》，介绍了丰富的农牧渔猎知识，记述了朴素的生态学观点，其中“顺天时，量地利，则用力少而成功多，任情返道，劳而无获”的观点，具有人类对自然应该合理利用的思想。北魏地理学家郦道元所著《水经注》，以河川为纲，记述的内容包括自然地理与人文地理的各个方面，例如在自然地理方面有水文地理、地貌和生物地理；在人文地理方面有城市地理、民族地理、文化地理和农业地理等。此外还有较多沿革地理和地名方面的珍贵

山西省运城市蒲津渡遗址（2005 年 7 月 11 日）

资料。唐代地理学家李吉甫所著《元和郡县图志》、南宋学者赵汝适所著《诸蕃志》、明代地理学家徐霞客的《徐霞客游记》，以及明末清初学者顾炎武的《肇域志》、《天下郡国利病书》，以及《历代宅京记》等著作，涉及了自然地理与人文景观的各个方面，为今天研究文化景观遗产提供了不可多得的宝贵文献。同时，从五代开始，我国地方志的编撰逐渐盛行，在一千多年中，全国各地先后刊行的地方志达到上万种，其内容包括行政区沿革、地貌、地质、水系、气候、植物、动物、交通、社会、聚落、物产、贡赋、灾异、民俗等，地方志中所涉及的文化景观内容几乎无所不包，也是今天开展文化景观遗产研究内容极其丰富的资料。

在我国众多古代文献中，不仅描述了各个时代、各个区域的自然地理与人文地理内容，而且记载了基于山水文化的环境设计理念，

山东蓬莱阁（2004 年 8 月 17 日）

表达各具特色的环境意境，所形成的不同类别与特征的文化景观。我国古代先民在选择定居地点时，出于对生存环境和防御需要的考虑，往往对周边的山水地貌格外关注。例如西汉时期的晁错，就曾建议在“募民实边”时，必须考虑良好生态环境，指出“臣闻古之徙远方以实广虚也，相其阴阳之和，尝其水泉之味，审其土地之宜，观其草木之饶，然后营邑立城，制里割宅，通田作之道，正阡陌之界，先为立室，家有一堂二内，门户之闲，量器物焉，民有所居，作有所用，此民所以轻去故乡而劝之新邑也”。可见古人在考虑新的居住环境时，要选择那些水质甘美、土地肥沃、草林茂盛的地方，继而加以规划，开辟道路，建造房屋，合理安排居室结构，这样才能在发展农业的同时，使人们对新的居住环境感到满意，体现出农业社会人居环境建设的基本要求和特点。此外，我国古代先民在长期的农牧渔猎生产中，还积累了朴素的生态知识，例如在《国语·周语》中就有“古之长民者，不堕山（不毁坏山林），不崇薮（不填埋沼泽），不防川（不障阻川流），不窦泽（不决开湖泊）”的论述，体现出难能可贵的生态环境保护理念。

古代城市选址则对自然环境提出更高的要求，不但涉及地形、地质、气象、水文、资源、交通等多种因素，还要考虑政治、经济、军事、文化等诸多方面的影响。我国古代的城邑分为都城、府城、州城、县城等多种等级，城市又有商业都会、军事重镇、手工业城市等多种类型，因此选址时考虑的因素各不相同，对环境的要求也各有所别。尽管如此，在处理人与自然的关系方面，始终遵循一定的规则，体现一定的规律，形成我国特有的城市景观和山水文化，将自然环境的特征与优势，通过特定的文化景观突出地表现出来。例如《管子·乘马》曰：“凡立国都，非于大山之下，必于广川之上，高毋近旱，而水用足，下毋近水，而沟防省”，“因天材，就地利，城郭不必中规矩，道路不必中准绳”，既反映出在城市选址中对自然环境和山水格局的严格要求，又强调城市选址应充分结合地利条件，视地形的实际情况而定，不必强求形式上的规整。这种重地利、讲实效的城市建设理念，对于摒弃单一的城市格局，突出城市个性特色，形成风格各异的文化景观，具有积极的意义。同时，我国古代“以农立国”，强调根植于富足农业基础之上，对土壤、水源的要求格外重视。例如周、秦、汉、唐各朝相继在关中建都，皆因当地土壤肥沃，水源充足。

自从人类出现以来，就一直在为自己的“生存、更好的生存和更有保障的生存”而与自然界发生关系。因此，人与自然的关系是人类生存与活动中最基本的、最重要的、最具决定性意义的关系，这个关系是贯穿人类社会发展全过程的基础。生态观念是我国传统文化的一个重要组成部分，中华民族之所以能持续发展与生存，无不与其对自然的理解，以及恰当处理人与自然的关系密切相关。道家思想是我国土生土长的正统思想，主张“自然无为、顺应天道”；《老子》曾说：“人法地，地法天，天法道，道法自然”，认为道是本性，是天然，是自然而然；认为天、地、人是不可分的，人来源于自然，依赖自然而生存，必须遵循自然规律才能持续发展。道家反对以人类为中心，认为“道大、天大、地大、人亦大，而人居其一焉”，意即人与自然是平等的、相依而存的，那种过分追求物质财富，不顾自然环境承受能力的发展模式是不能持续的。《庄子》提倡“少私寡欲”，由此演化出“节俭”的美德，包括减少资源的浪费，限制过度的贪欲。佛教虽然是从印度传入，但是在与我国儒道结合后，成为信徒最多、地域最广的宗教。佛教“普度众生”、“众生平等”

和“大慈大悲”的理念影响广泛，引导人们去珍惜他人生命，关爱各种生物，保护生态环境。[①]

我国古代也留下了大量记载周边国家和地区自然地理与人文景观的文献。例如公元前139年，西汉张骞出使西域，历时13年，途经匈奴、大宛、康居、大月氏、大夏等国，其主要见闻被录于《史记·大宛列传》；公元416年，东晋高僧法显，根据历时15年远赴天竺的经过，写成《佛国记》一书，对所经中亚、南亚、东南亚约30国的地理、交通、宗教、文化、物产、风俗乃至社会、经济等都有所述及；公元627年，唐代高僧玄奘只身西游，跋山涉水，行程5万里，历尽艰险，携回梵文经典，所著《大唐西域记》，生动地记录了当时阿富汗、巴基斯坦、印度、孟加拉等地区的138国的地理形势、人口疆域、国都城邑、政治历史、物产气候、风土习俗、语言文字、民族宗教等；公元1405年始，明代航海家郑和七次远航“西洋”，前后共历28年，随航人员著有《瀛涯胜览》、《星槎胜览》、《西洋番国志》等，记载了所历亚、非30余国的山川地理和风土人情。这些著作不仅是反映我国历史上国际交流的重要史料，也是研究各国文化景观的珍贵文献，是我国对世界文化的独特贡献。

二、西方文化景观概念的形成与社会基础

文化景观作为人类文明的产物，是一定历史时期经济、政治和社会发展的结晶。由于地理、气候和生态等自然条件的不同，加之文化方面的差异，造就了东西方不尽相同的文化景观理念。在古代的希腊、罗马，曾有不少关于人地关系的论述。例如希腊历史学家

① 胡冬香，邓其生：《中国传统建筑孕育着“生态优化”理念》，载《建筑师》，2007(3)，95页。

斯特拉波（Strabo）著有《地理学》17 卷，描述当时欧洲人所了解的世界各地区的自然特征、物产、居民风俗习惯等，可以说是西方最早的人文地理著作。但是自从进入中世纪黑暗时代以后，神学代替了一切。直至 14 至 17 世纪，欧洲先后进行了文艺复兴，科学从神权统治下解放出来，得到了较大的发展，许多科学家通过科学考察积累了不少宏观生态学资料。实际上，西方社会在 17 世纪才开始欣赏自然之美。在此之前，自然、荒野往往被看做可怕的禁地，被视为土著人和野生动物的领地。随后，欧洲出现了工业大生产的萌芽和世界地理大发现，欧洲航海者开辟了新航路，发现了新大陆，促使各国居民纷纷移居海外，扩大了世界市场，开始了殖民掠夺，同时也促进了对世界各地的地理环境、人文景观、资源分布、商业中心等情况进行广泛的调查研究。

希腊雅典城市景观（2009 年 6 月 19 日）

在西方，对于景观的辨别、描述和解释长期以来就一直是地理学的一个主要工作。德国地理学家 A. 洪堡（A.Humboldt）在 19 世纪初曾提出应把景观作为地理学的中心问题，探讨由原始的自然景观变成文化景观的过程。另一位德国地理学家 C. 李特尔（C.Ritter）则是在近代地理学中，最早阐述了人地关系和地理学的综合性、统一性，并奠定了人文地理学的基础。主张地理学的研究对象是布满人的地表空间，人是整个地理研究的核心。认为“地球上，人类的每一个物质成就，不论是一间房屋、一个农庄或一个城镇，都代表着自然和人文因素的综合”。在组成地区特征的复合统一体中，自然和人文是不能分开的[①]。C. 李特尔在具体研究中偏重人文现象，把自然作为人文的基本因素，主张地理学必须与历史学携手前进。他的学术巨著《地学通论》，又名《地球科学与自然和人类历史》一书，探讨了世界各地区自然现象与人文现象，认为自然决定人类历史的发展。1859 年，英国生物学家 C.R. 达尔文（C.R.Darwin）的《物种起源》一书出版，书中详细介绍了他 20 年来收集到的丰富证据，充分论证了生物的进化理论，提出生物通过自然选择以适应生存环境的生物演化论观点，在国际社会引起极大反响。1865 年，英国学者 G.P. 马什（G.P.Marsh）在《人与自然：人类活动改变了的自然地理》一书中，以生态学的观点认识到人对自然的影响会带来生态平衡的失调。

由此看到，人们对于文化景观的认识也是由零星的知识积累，逐渐发展成为一门系统的科学。“直到 19 世纪，美国才逐步认识到荒野是人类社区的组成部分。美国联邦政府把一些迷人的自然景观划定为不准人们永久居住的保护区，1872 年建立的黄石公园就是

① 李旭旦：《人文地理学概论》，12 页，北京，科学出版社，1985。

其中的首例。这是发展区域文化的一件大事，它第一次公开确认原始荒野是文明生活的摇篮，不能不顾后果地把自然环境仅仅用于经济开发，因为风景也是一种社会文化资源，也是一种生态资源”。在城市景观方面，1858年，有美国景观之父之称的奥姆斯特德（F.L.Olmsted）和沃克斯（Calvert Vaux）在曼哈顿的核心地区设计了长2英里（注1英里=1.609公里），宽0.5英里的城市公园，继而在全美掀起了城市公园运动。从19世纪60年代开始，一批景观设计师在美国各城市从生态的高度，实施将自然引入城市的设计。其中波士顿公园系统设计，以河流、泥滩、荒草地所限定的自然空间为依据，在城市滨河地带形成2000公顷的绿色空间，以线性空间连接城市公园，意在重构城市自然景观系统。奥姆斯特德在《公园与城市扩建》一文中，认为城市要有足够的呼吸空间，要不断更新和为全体居民服务，并且归纳出城市绿地系统规划的主要原则，以城市自然脉络为依托，使城市公园实现有机联系。①②

19世纪中叶，文化人类学被确立为一门独立的学科。文化人类学是以人们自己创造出来，又受它濡染、规束的文化为研究对象，探讨人类文化的起源和演变规律。广义的文化人类学包含考古学、语言学和民族学三个分支学科。在文化人类学属下，考古学的主要任务是，通过发掘、研究古代人类的物质遗存来复原各个历史时期的社会文化面貌；语言学主要研究语言与社会环境、人们的思维方式、民族心理和宗教信仰的关系；民族学则主要研究各民族和各地区、社区的文化，比较其异同，分析这种异同的产生原因，认识这种异同存在的意义，揭示人类文化的本质，探讨文化的起源和演变规律。其中进化学派是

① 吴良镛：《人居环境科学导论》，25页，北京，中国建筑工业出版社，2001。
② 叶玉瑶，张虹鸥，周春山，等：《“生态导向”的城市空间结构研究综述》，载《城市规划》，2008（5），69页。

最早的主导理论，认为人类的心智在本质上是相同的，因此各民族能够创造出相似的文化，并能够将它推向大致相似的发展阶段。至 19 世纪末，随着研究的深入发展，围绕着文化的起源和演进问题，人们开始对进化学派进行批判。德奥传播学派认为，与自然现象不同，文化历史现象不会重复出现，人们不可能在不同的地方、不同的年代创造出相同的文化，存在于不同地区、不同民族中的相似的文化现象，是由文化传播造成的。传播学派批判进化学派忽视各民族文化自身的发展历史，“单靠思辨拼凑人类文化进化图像”的做法，提倡对各民族的历史和文化进行深入细致的实地调查。

人们逐渐认识到文化景观的形成是一个长期的过程，每一个历史时期，人类都按照其文化标准对自然环境施加影响，并把它们加工成文化景观。19 世纪下半叶，德国地理学家 F. 拉采尔（F.Ratzel）最先系统地阐明文化景观的概念，他称之为历史景观。他在《人类地理学》一书中强调了种族、语言和宗教景观的研究以及文化传播的意义，并认为人的活动、发展和抱负受到地理环境的严格限制。F. 拉采尔指出历史景观是人类活动所造成的景观，它反映出文化体系的特征和一个地区的地理特征，他主张对田地、村落、城镇及道路等进行分类，以便了解其分布、相互联系和历史起源。1885 年，J. 温默（J.Wimmer）在其《历史景观学》一书中提议，要把注意力集中于“景观”的全貌，提倡景观内涵的自然与人文意义的兼容并蓄。事实上，“文化景观”一词自 20 世纪初已经开始应用，主要是指自然风光、田野、建筑、村落、厂矿、城市、交通工具和道路，以及人物和服饰等所构成的文化现象的复合体。乔丹（Jordan）指出，“文化景观是文化集团在其居住地域上所创造的人为景观”。J. 德伯里（J.Blij）则认为“文化景观包括人类对自然景观所有可辨认的改变，包括地球表面及生物圈的种种改变”。[①]

20 世纪初，生物学家和哲学家 P. 盖迪斯（P.Geddes）从生态学研究走向人类生态学研究，系统研究人与环境的关系，研究现代城市成长和变化的动力以及人类、居住地与地区的关系，成为现代城市规划的奠基人之一。他积极倡导综合规划的概念，在 1909 年出版的《城市之演进》一书中，用哲学、社会学与生物学的观点，揭示城市在空间与时间发展中所展示的生物与社会方面的复杂性，指出在规划中要把不同部门和工作统一起来考虑。他把环境看成是多种元素的一种构成物，是在不同地址上人类进行多种活动的场合。P. 盖迪斯提倡“区域观念”，即周密分析地域环境的潜力和限度，对居住地布局形式与地方经济体的影响关系，突破城市常规范围，强调把自然地区作为规划的基本框架。此后，著名学者 L. 芒福德（L.Mumford）提出影响深远的区域观和自然观。他认为城市与区域不仅是地域的范畴，而且是地理要素、经济要素、人文要素的综合体，主张复兴城市和地区的历史文化遗产，使其成为优良传统观念和生活理想的重要载体。他指出“城市和乡村是一回事，而不是两回事，如果说一个比另一个更重要，那就是自然环境，而不是人工在它上面的堆砌”。“在区域范围内保持一个绿化环境，这对城市文化来说是极其重要的，一旦这个环境被损坏、被掠夺、被消灭，那么城市也随之而衰退，因为这两者的关系是共存共亡的”。他强调以人为中心，提倡要“创造性地利用景观，使城市环境变得自然而适于居住”。

20 世纪上半叶，许多德国地理学家都认为，研究原始景观向文化景观变化的过程，是研究人员的中心任务。德国地理学家 O. 施吕特尔（O.Schluter）提出文化景观论，认为景观可以分为两类，一类

① 吴必虎，刘筱娟：《中国景观史》，3 页，上海，上海人民出版社，2004。

是原始景观，即在经过人类活动重大改变以前存在的景观；一类是文化景观，即原始景观经由人类活动改变以后的景观。认为文化景观是地面上可以感觉到的人文现象的形态，人文地理学应该研究这种人类及其劳动所创造的，能反映人类群体的文化和经济的景观。他于1906年提出“文化景观形态”这一概念，强调景观既有它的外貌，在它背后又有社会、经济和精神的力量，并指出文化景观与自然景观的区别，要求把文化景观当做从自然景观演化来的现象进行研究。O. 施吕特尔还把文化景观分为可移动的和不可移动的两种形态，前者指人以及随人移动的物品等，后者则通过文化作用于自然景观的全部效果来反映。

对文化景观理论贡献最大的是美国地理学家C. O. 索尔（C. O.Sauer），他继承和发展了德国学者的文化景观论。C. O. 索尔强调景观一词使自然与人文兼容并蓄，体现了地理学的整体性，认为景观是“由包括自然的和文化的显著联系形式而构成的一个地区”，重新评述了地理学研究领域中景观的内容、形态学方法的应用，以及各种景观的形式和功能。1923年，C. O. 索尔在就任伯克莱大学地理系主任的演说中指出“人类按照其文化的标准，对其天然环境中的自然和生物现象施加影响，并把它们改变成文化景观”。在1925年发表的著作《景观的形态》中，C. O. 索尔认为文化景观是人类文化作用于自然景观的结果，而在1927年发表的《文化地理的新近发展》一文中，他首次明确定义了文化景观，即“附加在自然景观上的人类活动形态”。由于人类对地球表面的影响已经历几千年，按照他的观点，地表的所有景观都已经成为文化景观。因此他提出地理学者应该开创先河，将对自然景观的研究转入到追溯当地文化景观的研究中去。在C. O. 索尔看来，文化景观是特定时间内形成、具有区域基本特征、在自然与人文因素综合作用下形成的复合体。他认为人文地理学的核心是解释文化景观，主张用实际观察地面景色来研究地理特征，通过文化景观来研究人文地理。C. O. 索尔开创了“伯克莱学派”。这一学派引导人们用发生学方法研究历史文化，认为景观因人类的作用而不断变化，文化景观是人类文化与自然景观相互影响、相互作用的结果，“就像历史事实是时间事实，它们之间的关系产生出时代概念一样，地理事实可以看做地点事实，它们之间的关系可以用景观概念来表达”。C. O. 索尔认为“如果不从时间关系和空间关系来考虑，我们就无法形成地理景观的概念。它处于不断发展、消亡、替换的过程之中”。他对农业起源和扩散的研究和人在改变环境中的作用的研究被视为经典之作。

C. O. 索尔之后，地理学家对人文景观的研究主要集中在人类对土地的利用。英国学者 A. 利奥波特（A.Leopold）在 1933 年出版的《大地伦理学》中，主张把良心、权利等概念扩大到自然界，提倡“完整形态的尊重存在的伦理学”,反对以人类为中心的“人类沙文主义”。提出“生态价值”概念，主张以伦理学为基础，研究生态的伦理价值和人类对待生态的行为规范，即承认生物和一切自然物存在的道德权利，形成人与自然之间联系的新的价值观念。由于民族的迁徙，一个地区的文化景观往往是在不同时期，由各个民族、各种文化叠置而成的。因此，美国地理学家 D.S. 惠特尔西（D.S.Whittlesey）在 1929 年提出“相继占用”的概念，认为文化景观是人类活动相继叠加的结果，表现出一定的阶段序列。因此，地理学不应是研究人类对环境的适应，而是研究一个地区内人类社会占用的历史演变过程，主张用一个地区在历史上所遗留下来的不同文化特征，来说明地区文化景观的历史演变。他列举了在新英格兰地区的实例研究：印第安人居住时从事采集原始森林；欧洲迁移来的农民把低地开发为农田，在山坡草场饲养牲口；后来因经济转型又把草场转变为森林（次生林）并养殖牲畜；他预言第四阶段将以林业为主要活动。在他看来，每一个阶段或人类占用的时代，都与人类的祖先和后代联系在一起，并认为阶段演化是内因作用的结果，类似于一个活细胞的发展和死亡。认为一个地区的居民在其态度、目标或技术上如有任何重大改变，则自然资源基础对它们的意义就需要重新估价。

由于文化景观主要是形成于人类活动的影响，所以文化景观的变化也主要取决于人类活动。早在 1939 年，生物地理学家 C. 特罗尔 (C.Troll) 就曾提出“景观生态学”的概念。1945 年以后，对于文化景观的研究，更加注重人类活动不断改变文化景观的格局和过程。德国地理学家把重视研究社会文化的新地理学叫做“社会地理学”，认为社会地理学的目的在于解释文化景观，明确主张景观变迁的主要力量是人类集团的“态度、目的和技能”。法国地理学家 J. 戈特芒（J.Gottmann）提出要通过一个区域的景象来辨识区域，而这种景象除去有形的文化景观外，还应包括无形的文化景观。H.J. 布利季（H.J. Blij）则给出了文化景观的广义定义，“文化景观包括人类对自然景观的所有可辨认出的改变，包括对地球表面及生物圈的种种改变”。由于景观构成的复杂性，划分文化景观类型的方法很多。例如根据可视性可以分为物质文化景观和非物质文化景观；根据所处背景环境不同、自然景观所占比重不同，以及人口密集程度、就业构成、建筑物密集程度等，可分为乡村景观、城镇景观、大都市景观等；还有农业景观、牧业景观、工业景观、建筑景观、宗教景观等其他文化景观类别。此外，还可以将文化景观分为人口景观、政治景观、语言景观、流行文化景观等比较具体的类型。

文化景观理念的深化认识与研究[1]

（2010年3月30日）

一、西方文化景观理念的深化研究与认识

19世纪以前，无论是东方文明，还是西方文明，以及由不同文明建立起来的城市和乡村，都是以农业文明为背景。一方面，人类与自然的关系主要表现为遵从与顺应，在依附于自然的本能以及原始的自然崇拜等思想支配下，人们形成朴素的生态观念，在生存的

印度阿旃陀石窟（2004年7月26日）

① 此文发表于《东南文化》2010年第2期，第7页，2010年第3期，第7页。

空间结构与布局上，较多考虑生态平衡，较好遵循生态原则。另一方面，此时人类还没有足够的力量改变自然，人们的世界观和价值观对自然界的影响尚无足轻重，而自然界原有的生态环境和山水格局，对人类的生存与发展依然起着至关重要的作用，因此，在强烈的生存意识控制下，形成人类与自然相安默契、悠然共处的状态。19 世纪以后，工业文明使社会生产力有了质的飞跃，人类利用自然的能力极大提高，人类对自然的态度也发生了根本性的改变，由“利用”变为“征服”的思想占据了统治地位。特别是在西方文明中，长期以来强调以人为中心，强调人的内在价值，强调人的个性张扬，强调“人是自然的主宰”，这些与东方文明将人类自身视为自然的组成部分的理念截然不同，然而西方社会自持的傲慢与优越却往往是以牺牲自然为代价。在这种思想支配下，凭借科学技术的发展，开始对自然施加越来越大规模的干预，对自然的征服和统治变成了

重庆涞滩二佛寺摩崖造像（2009 年 10 月 9 日）

对自然的掠夺和破坏，对自然资源无节制的大规模消耗，带来污染物的大量排放，最终造成自然资源枯竭、生态环境恶化和地区差异加大等各类社会问题。

第二次世界大战后，随着世界经济的复苏和城市化的迅猛发展，生态危机日益严重，能源危机、环境污染、水资源短缺、气候变暖、荒漠化、动植物物种大量灭绝等各类相互联系的危机日趋严重，直接威胁到人类的生存与发展，人与自然的和谐也面临着有史以来最严峻的挑战。20 世纪 50 年代前后，不断爆发的环境危机以及世界闻名的“八大公害事件”，敲响了环境保护的警钟，人类开始重新审视自己与自然的关系。1953 年，美国人类学家 J.H. 斯图尔德（J.H.Steward）在《进化和过程》一书中，率先提出文化生态学的概念，文化生态学以人类在创造文化的过程中，与天然环境及人造环境的相互关系为研究对象，把握文化生成与文化环境的调试及内在联系。这一时期，一些从事文化与自然遗产保护与研究的国际组织相继成立，其中 1948 年成立的世界自然保护联盟（IUCN）①、1959 年成立的国际文物保护与修复研究中心（ICCROM）②、1965 年成立的国际古迹遗址理事会（ICOMOS）③等逐渐在相关领域发挥着重要影响。20 世纪 60 年代以来，在地理学的理论方面，自然与人文的统一性已经在全世界得到确认。在人地关系方面，形成了人与环境之间的“和谐论”，从而奠定了现代地理学的统一性与综合性。和谐论主张分析人与环境的关系，以谋求自然环境与人类生活间的协调，例如日本学者石田宽就曾提出“预防破坏景观，建设一个和谐的景观”

① 前身是国际自然和自然资源保护联盟，其使命在于为各国政府、非政府组织和科学工作者在世界范围内的合作提供机会，影响、鼓励和协调世界各团体保护自然生态环境的完整性和多样性，并确保任何对自然资源的使用都是公正并符合生态可持续发展的。

② 由联合国教科文组织创建，是一个政府间组织，职能是开展调查研究，编撰文献资料，提供技术援助、培训和实施提升公众意识的项目，以加强对可移动和不可移动文化遗产的保护。

③ 是非政府组织，其作用在于推广建筑和考古遗产保护理论、方法和科学技术的应用。

的主张。[①]

1948年，因DDT的剧毒能有效地杀死害虫，DDT发明人瑞士化学家P.H.穆勒（P .H.Muller）获得该年度的诺贝尔奖，但是时隔14年后，美国海洋生态学家R.卡森（R.Carson）于1962年出版了《寂静的春天》一书，分析了DDT既能杀死害虫，也能杀死害虫的天敌，破坏了生态的平衡，导致动物畸形，性别失调，以及人与动物的免疫力下降。她在书中呼唤人们关注自然环境，并提醒人们注意这样的事实，人类再不节制，未来的春天将不再鸟语花香、热闹缤纷，而是一片死寂与静肃。由于对环境脆弱本质和相互依赖的特点认识不足，人类正在以惊人的速度破坏着自然环境。20世纪60年代，美国经济学家K.E.博尔丁（K.E.Boulding）发表《一门科学—生态经济学》的论文，第一次提出生态经济学的概念，形成以生态经济效益，即生态系统和经济体系相互作用的经济效益为研究对象的学科，主张在人口、工业迅速增长，自然资源消耗加剧，生态环境遭到破坏，大工业和现代农业所造成的环境污染日趋严重的情况下，把经济发展同环境、资源、生态结合起来研究其经济效益。此时，原有的东方文明中人类与自然和谐相处的文化价值观和生活方式重新引起人们的关注，越来越多的人意识到文化景观和自然环境保护的重要性，并主张将其作为国家的重要职责。1969年，L.麦克哈格（L.McHarg）在《设计结合自然》一书中，从自然、历史、人文的角度探讨了环境问题，描述了自然过程如何引导土地开发。规划设计结合自然理念的提出不仅是在理论上的重大突破，而且还标志着生态学方法第一次完整地引入到了城市规划之中。

20世纪60年代以后，与景观和环境相关的概念开始出现在有关国际文件中，引起国际社会的普遍关注。1962年12月，联合国

① 吴必虎，刘筱娟：《中国景观史》，3页，上海，上海人民出版社，2004。

教科文组织第12届会议在巴黎通过的《关于保护景观和遗址的风貌与特性的建议》，第一次提出了保护景观的目的，指出："为本建议之目的，保护景观和遗址的风貌与特征系指保存并在可能的情况下修复无论是自然的或人工的，具有文化或艺术价值，或构成典型自然景观的自然、乡村及城市景观和遗址的任何部分。"[①]1964年5月，第二届历史古迹建筑师及技师国际会议在威尼斯通过的《关于古迹遗址保护与修复的国际宪章》（威尼斯宪章），第一次在文物古迹的保护中引入了环境的概念。指出："历史古迹的要领不仅包括单个建筑物，而且包括能从中找出一种独特的文明，一种有意义的发展或一个历史事件见证的城市或乡村环境"[②]。

随着社会经济和现代工业化的高速度发展，自然资源、人口、粮食和环境等一系列影响社会生产和生活的问题日益突出。同时，人类活动范围的日益扩大，正在直接和间接地影响着生物圈。1971年，联合国教科文组织第16届会议确定的"关于人类聚居地的生态综合研究"计划，首次提出"生态城市"的概念。1972年，联合国教科文组织设立了人与生物圈（MAB）国际组织，开展森林、草原、海洋、湖泊等生态系统与人类活动的关系，以及农业、城市、污染等有关的科学研究。同年11月，联合国教科文组织第17届会议在巴黎通过的《保护世界文化和自然遗产公约》（世界遗产公约），第一次明确了"文化和自然遗产"的定义。其中"文化遗产"包括文物、建筑群和遗址，而遗址则指"从历史、审美、人种学或人类学角度看具有突出的普遍价值的人类工程或自然与人联合工程以及考古地址等地方"；"自然遗产"则包括："从审美或科学角度看具有突出的普遍价值的由物质和生物结构或这类结构群组成的自然

① 国家文物局：《国际文化遗产保护文件选编》，47页，北京，文物出版社，2007。
② 国家文物局：《国际文化遗产保护文件选编》，52页，北京，文物出版社，2007。

面貌；从科学或保护角度看具有突出的普遍价值的地质和自然地理结构以及明确划为受威胁的动物和植物生境区；从科学、保护或自然美角度看具有突出的普遍价值的天然名胜或明确划分的自然区域”。“文化遗产”是随着社会发展产生的一个新的观念，并且引发了一场声势浩大、影响广泛的国际文化运动。它的产生反映了人类认识和对待自身文化的包容性不断扩大，例如“文化遗产”中的“自然与人联合工程”，就引起人们日益深入的思考。①

1976年11月，联合国教科文组织第19届会议在内罗毕通过的《关于历史地区的保护及其当代作用的建议》（内罗毕建议），第一次提出了“历史和建筑地区”的概念，指出：“‘历史和建筑（包括本地的）地区’系指包含考古和古生物遗址的任何建筑群、结构和空旷地，它们构成城乡环境中的人类居住地，从考古、建筑、史前史、历史、艺术和社会文化的角度看，其凝聚力和价值已得到认可。在这些性质各异的地区中，可特别划分为以下各类：史前遗址、历史城镇、老城区、老村庄、老村落以及相似的古迹群。”同时明确了“环境”和“保护”的定义，即“‘环境’系指影响观察这些地区的动态、静态方法的、自然或人工的环境”。在这层意义上，定义不仅涉及趋于静态的文物、建筑物与遗址，还考虑到社会文化进程中的动态性以及历史和建筑地区环境要素的延续性，而“‘保护’系指对历史或传统地区及其环境的鉴定、保护、修复、修缮、维修和复原”。之后，人类环境和文化遗产保护问题更加引起世界范围的重视。②

1977年12月，一些国家的著名建筑师、规划师、学者和教授，在秘鲁马丘比丘山的古文化遗址，签署了具有宣言性质的《马丘比

① 国家文物局：《国际文化遗产保护文件选编》，71页，北京，文物出版社，2007。
② 国家文物局：《国际文化遗产保护文件选编》，93页，北京，文物出版社，2007。

丘宪章》。其中“文物和历史遗产的保存和保护”部分指出：“城市的个性和特性取决于城市的体型结构和社会特征。因此不仅要保存和维护好城市的历史遗址和古迹,而且还要继承一般的文化传统”。在该宪章的结束语中写道:“古代秘鲁的农业梯田受到全世界的赞赏,是由于它的尺度和宏伟,也由于它明显地表现出对自然环境的尊重。它那外表的和精神的表现形式是一座对生活的不可磨灭的纪念碑,在同样的思想鼓舞下，我们纯朴地提出这份宪章。”这一在文化景观遗产地诞生的庄严宪章，无论对城市规划领域的观念更新，还是对文化遗产保护范围的扩展都产生了深远的影响。恰好也在1977年,《实施世界遗产公约的操作指南》（操作指南）作为《世界遗产公约》的实施细则予以公布，明确提出了评价世界文化遗产和自然遗产突出的普遍价值的标准及其真实性、完整性和相关管理要求。在理论界,J.D. 西蒙兹（J.D.Simonds）在《大地景观》（1978）中全面阐述了生态要素分析方法、环境保护、生活环境质量提高，乃至于生态美学的内涵，从而把生态景观研究推向了“研究人类居住空间与视觉总体的高度”[①]。

1980年8月，在东京召开的第24届国际地理大会上，大会主席伦敦大学教授M.J. 怀斯（M.J.Wise）在开幕词中指出，“在今日世界人口日增，环境急剧恶化，资源匮乏和自然灾害频仍的处境中，如何协调自然环境和人类文化生活的关系，已成为国际地理学界所面临的主要研究任务”。美国未来学者A. 托夫勒（A.Toffler）于1980年出版了《第三次浪潮》，认为人类已经经历了两次巨大的变革浪潮：第一次是农业革命，第二次是工业革命，而电脑的发明标志着人类进入了第三次浪潮，即信息革命时代，并将从根本上影

① 国家文物局：《国际文化遗产保护文件选编》，104页，107页，北京，文物出版社，2007。

响人们的生产方式、政治准则、生活方式、社会传统及意识形态等。美国经济学家J.奈斯比（J.Naisbitt）于1982年出版了《大趋势——改变我们生活的十个新方向》，提出了未来社会的10个发展方向。在诸多学派中，人文主义学派强调城市空间秩序最终是生态秩序的产物，人类社会在生物学和文化的两个层面上被组织，从而发生着类似于生物界的竞争、淘汰、演替等过程。生态主义学派强调城市是一种生态系统，人的生活要从自然界的背景中得到理解。因此人不再是中心，而只是自然界的一个组成部分，人类必须放弃那种认为科学和技术能够解决所有问题的错误想法，变得谦虚、温和与适度。这些思想反映了人与自然的关系从尊重顺应，到控制征服，到保护利用，直至上升到和谐共处的演进过程，启发人类在获得改造世界巨大能力的同时，应谋求更加理想的人居环境。1984年，M.荷夫（M.hough）在《城市形态和自然过程》中重点论述了城市的自然演进过程与城市空间营造的关系问题。

以上国际文件中的定义、理念和相关学者的研究成果、思想，成为文化景观概念形成与发展的理论基础，在文化景观遗产保护中起到了重要作用。1984年召开的第8届世界遗产委员会会议上，关于文化景观的概念已经被提出并讨论。会议指出“纯粹的自然地已经十分稀少，更多的是在人为影响之下的自然地，即人与自然共存的区域，这些区域中有相当一部分具有重要的价值”；“应将‘文化’与‘自然’同等看待，力求避免两级化；《世界遗产公约》目的不是‘选定’景观，而是在一个动态的和演变的框架中保护遗产地的和谐与稳定，更深层次的含义就是使人们逐步意识到文化与自然之间的相互依赖关系”。1987年10月，国际古迹遗址理事会第8届全体会议，在华盛顿通过了《保护历史城镇与城区宪章》（华盛顿宪章），该宪章“涉及历史城区，不论大小，其中包括城市、城镇以及历史中心或居住区，也包括其自然的和人造的环境。除了它们的历史文献作用之外，这些地区体现着传统的城市文化的价值”。《华盛顿宪章》列举了历史地段应该保护的内容，其中包括地段和街道的格局和空间形式；建筑物和绿化、旷地的空间关系；地段与周围环境的关系，包括与自然和人工环境的关系等涉及文化景观的内容。从这些内容看，历史地段保护更关心的是整体环境，强调保护和延续其中人们的生活。该宪章还归纳了保护历史地段共同性的问题，指出“今天，由于社会到处实行工业化而导致城镇发展的结果，许多这类地区正面临着威胁，遭到物理退化、破坏甚至毁灭”。[①]

二、我国文化景观理念的深化认识与研究

在我国，近代人文地理学和经济地理学，是在20世纪20年代，通过外国传教士和我国派往国外的留学生而陆续传入国内。1926年以后迄至1949年，在先后成立的十多所大学地理系内系统地进行讲授，其中以法国人文地理学家J.白吕纳（J.Brunhes）为代表的人地相关论和以英国经济地理学家L.D.斯坦普（L.D.Stamp）为代表的经济地理思想具有广泛的影响。前者认为人对人地关系的形成具有选择的可能和自由，而后者倡导经济地理应用于城乡规划。在这一时期我国的理论刊物上发表的一些有关人口分布、土地利用、农业分区、城市地理、边疆勘察、地区综合考察，以及人文景观等方面的著作，表明人文地理和经济地理研究工作相互交错。但是，此后的一些年代里“除经济地理学、人口地理学、城市地理学和历史地理学以外的人文地理学其他的分支均被视为唯心主义学术思想而一概摈弃”。

① 国家文物局：《国际文化遗产保护文件选编》，128页，北京，文物出版社，2007。

特别是随着经济建设高潮和大规模基础设施建设，要求摸清各地区生产布局、流域区划、铁路选线、区域规划、农业区划以及建设条件、资源储量、生态环境等方面情况，为经济地理学的发展开拓了更为广阔的道路，提供了前所未有的有利条件。于是就出现了人文地理学和经济地理学一衰一盛迥然不同的局面，这种现象一直延续到“文化大革命”结束。[①]

20世纪80年代以来，“景观”和“文化景观”的概念在人文地理学、经济地理学、历史地理学、人口地理学、区域地理学等学科中被广泛应用，关于其定义与内涵也进行了系统的考证与阐释。谭其骧先生推动了我国沿革地理和历史地理学的发展，对我国民族迁徙和文化作了大量的研究。他主编的《中国历史地图集》，以历史文献资料为主，吸取了考古等方面的研究成果。他提出“不能笼统地、简单地谈论中国文化，而在任何时代，都不存在一种全国共同的文化，文化的地区差异应予以足够的注意”。李旭旦先生是我国现代人文地理学奠基人，同时致力于区域地理学等方面的研究，他强调人文地理学的理论基础是“人地关系论”，研究的目的是谋求人地关系的协调。认为“文化景观是地球表面文化现象的复合体，它反映了一个地区的地理特征”，主张从研究文化景观来分析人地关系。李旭旦先生在《人文地理学导论》中指出，“长期以来，地理学科总是分成自然地理和人文地理两大互相密切联系的组成部门。但近30余年来，我国一直按照50年代苏联一部分地理学者的片面论述，把地理学分裂成自然地理和经济地理两门各自独立的学科，不仅割裂了自然与人文现象的客观联系，还把人文现象的研究局限于经济上的生产配置这一狭隘的范畴之内”。今天“人文地理学正

① 吴传钧：《经济地理学》，见李旭旦《人文地理学概说》，25页，北京，科学出版社，1985。

和新兴的环境科学、生态科学、区域科学与行为科学相结合，力求在解决世界性资源短缺、人口危机、自然灾害、环境污染与生态平衡等重大社会问题上做出贡献，从而促进了人文地理学在方向内容与方法上的创新”①。

上述众多学者的学术研究成果皆成为文化景观遗产概念的思想基础。同时，我国关于区域社会和历史文化的研究成果也颇为丰富，早在20世纪30年代，冀朝鼎先生就在《中国历史上的基本经济区与水利事业的发展》中提出了“基本经济区”的概念，探讨了历史上各个时期的基本经济区分布情况，并认为它们是我国历史上统一与分裂的经济基础和地方区划的地理基础，实际上也与文化发展演变的区域特性是基本一致的。从1983年起，钱学森先生倡议要以“从定性到定量的综合集成方法”研究人地关系的巨系统及其结构与功能，并强调这是地理学重要的基础研究。侯仁之先生倡导以现代地理学的方法，研究中国历史地理。几十年来，他孜孜不倦地探索北京城市起源、城址变迁、园林营建、水源开发利用、地下古河道复原及城市平面布局特点等，对北京城市规划建设不断提供科学的依据。早在1950年，侯仁之先生就曾建议将大学历史课中的“中国沿革地理”改名为“中国历史地理”，认为历史地理学的任务是探讨一个地理环境在“过去”和“现在”之间发展演变的规律。1962年，他发表了《历史地理学刍议》一文，进一步阐明了现代历史地理学的学科性质、研究方法及与传统沿革地理的重要区别，使其发展成为一个新的学科。在以后的数十年间，他先后出版了《历史地理学的理论与实践》、《历史地理学概述》等专著，为这一学科的建立、发展做出了杰出的贡献。侯仁之先生这一理论体系的阐述，从一个

① 李旭旦：《人文地理学概论》，1页，北京，科学出版社，1985。

侧面表明了我国现代文化景观遗产研究的独立探索。[①]

人文地理学家吴传钧先生，开拓了我国当代地理学一系列重要的研究领域。他从土地利用入手，将人地关系作为区域研究的核心课题，认为“人地关系不仅仅表现为空间关系，还有很多非空间关系的客观存在，比如人地关系的思维形式、人地关系的时间演变、人地关系的系统结构等，都是非空间关系。与此同时，涉及人地关系综合研究的学科不仅限于地理学，还有其他地球科学、人文社会科学和哲学等学科领域”。1991 年他在《经济地理》上发表学术论文“论地理学的研究核心—人地关系地域系统”，提出“人”和“地”两要素按照一定的规律相互交织在一起，交错构成的复杂开放的巨系统内部,具有一定的结构和功能机制,在空间上具有一定地域范围，便构成了人地关系的地域系统。他还指出，“地理环境是对应主体而言的，主体是人类社会。所谓地理环境有广狭两义，狭义的地理

广东潮州广济桥（2011 年 6 月 14 日）

① 徐征：《侯仁之的历史地理学情结》，载《纵横》，2007，42 页。

环境即自然综合体，广义的地理环境则是指由岩石、土、水、大气和生物等无机和有机的自然要素和人类及其活动所派生的社会、政治、经济、文化、科技、艺术、风土习俗和道德观等物质或意识的人文要素，按照一定的规律相互交织、紧密结合而构成的一个整体。它在空间上存在着地域差异，在时间上不断发展变化”[①]。

无论是在自然方面，还是在文化方面，人们均试图根据一定的标准和特征进行类别或性质的划分。在自然方面，有自然区的概念，即指各种自然地理要素相对一致的区域，将其看做地球表面的单元地区，是自然环境地域分异规律综合作用的结果。例如我国根据自然环境的主要差异，可以划分三大自然区，即东部季风区、西北干旱区和青藏高原区。在各大自然区内，又根据不同的地理构造、地形、气候、土壤、植被等要素，按区域等级的从属关系划分不同等级的自然区，不同等级单位各有其相应的一致性标准。在文化方面，有文化区的概念，即是指在文化发展的过程中，由多种或特种文化事项和文化体系覆盖的地区，例如农业文化区、工业文化区、宗教文化区等。上述文化区与自然区不一定重合，其范围有大有小，边界有实有虚。但是，文化区的划分比自然区的划分要复杂得多，划分标准更加不易确定。司徒尚纪先生在《广东文化地理》一书中，讨论了文化区划的基本原则、区划体系，并划分出4个具体的文化区，具有开创意义。周振鹤先生在《中国历史文化区域》一书中，对历史时期的“语言文化区”、“宗教文化区”、“风俗文化区”等做出具体划分，总结出具有参考价值的文化区划分方法。此外，在文化方面还有文化系统的概念。文化系统是指由许许多多简单的文化事物或文化现象构成的文化有机整体，也称文化综合体，例如通过

① 顾朝林：《吴传钧先生区域与城市研究学术思想》，载《城市区域规划研究》，2008(1)，211页。

语言、习俗、服装、文学、艺术、饮食、生产方式和生产技术等文化要素，构成的位于黄河上游的齐家文化、中游的仰韶文化、下游的大汶口文化，位于长江下游的河姆渡文化等，它们是我国黄河、长江文化系统的发源地，具有文化结构完整、文化特征明显等特点。

文化景观研究是文化地理学的主要研究领域之一，而文化地理学的研究成果，为今天文化景观的研究提供了学术方面的支撑。王恩涌先生较早在《文化地理学》中，引入“文化景观”研究的理论与方法，相继出版了多部著作和教材。赵世瑜、周尚意先生的《中国文化地理概说》，较早地对中国文化的趋异到趋同、文化的分异和扩散等论题进行了探索性的工作；王会昌先生的《中国文化地理》，对中国文化形成与地理环境的特征之间关系进行剖析，并阐述了中国文化区域的形成过程和规律性。同时，金其铭、董新、汤茂林等学者对文化景观特别是乡村文化景观开展了较多的研究，取得了明显的成果；谢凝高、武弘麟、吴必虎、肖笃宁等学者更为关注聚落文化景观问题。特别是赵荣、李同生先生的《陕西文化景观研究》，从文化地理学的角度，以陕西地域文化景观为例，探讨了文化景观

陕西榆林红石峡摩崖石刻（2007年5月13日）

的判识原则和研究方法。此外，《黄河文化》、《巴蜀文化》、《吴越文化》、《台湾文化》等一大批区域、地域文化著作，展现了区域上文化的诸多特征，促进了我国文化景观研究的进展。

随着一系列文化地理专著的相继问世，加上大量研究成果的发表，文化景观的研究内容逐渐深入，研究范围不断拓宽，研究成果不断增多。许静波先生针对文化景观的特性，提出文化景观具有时代性、继承性、叠加性、区域性和民族性等5大特性。即文化景观具有时代性，文化景观的产生在时间上存在先后顺序，不同历史时期的文化景观，都是不同时代人地关系相互作用的产物，通过对文化景观研究，可以发现很多历史上的证据；文化景观具有继承性，文化景观产生后，具有继续和保持下去的惯性作用，正是这种文化惯性作用，使得文化景观不断得以继承发扬，每一个时代的文化景观都是继承发展前一时期文化景观的结果；文化景观具有叠加性，每个时代的文化景观都是当时人们价值观的体现，不仅反映了之前时代人们的价值观，也反映出此后时代人们对该文化景观的态度，即反映了前后时代人们的共同价值观；文化景观具有区域性，文化景观的存在以区域为依托，任何文化景观都存在于一定的区域，物质文化景观因为其实体性而占有特定的区域，非物质文化景观也要以区域为载体才能显示出它的存在；文化景观具有民族性，不同民族在不同的自然地理环境中，逐渐形成具有自己民族风格的生产生活方式和思想价值观念，从而塑造出各种形式的民族文化景观，深刻地体现出民族性的特征。通过对文化景观5大特性及其相互关系的阐述，可以对文化景观的特性进行科学界定和详细解释，也可以在文化景观的应用上起到积极效果。[①]

赵荣、李同升先生认为，文化景观具有以下显著特征。一是要

① 许静波：《论文化景观的特性》，载《云南地理环境研究》，2007（7）。

素复杂性，文化景观不仅指人类所创造的物质和非物质文化，也应包含作为人类文化载体、并给人类文化形成以重要影响的自然要素。因此，文化景观的构成要素具有显著的复杂性。二是类型多样性，由于各地地理环境、人口、历史经济诸多因素影响，使世界各地从人种、人口、语言、民族、风情到技术、产业、政治体制等都存在着千差万别的特色，也必然使文化景观类型具有复杂的多样性。三是动态与相变性，文化作为一种十分活跃的景观因子，其在营造文化景观的过程中，既体现了一定景观的特色，同时又在不断地更新、发展、流传，发生着变化，从而使文化景观形态也处在一个不断的相变过程中。他们还提出了“文化地域综合体”的概念。认为一个文化地域综合体由三个层面组成：一是作为基础的自然地理因素，二是受自然地理因素强烈制约的可视的物质文化和民俗文化层面，

甘肃大像山（2005 年 12 月 11 日）

三是弥漫于整个地域的可悟的文化气象和精神心态，这是文化地域综合体内在的灵魂。第二个层面是叠加在第一个层面之上，而第三个层面则穿插并渗透于前两个层面，把三个层面紧紧连接为一个有机整体。这个由三个层面所组成的文化地域综合体一旦生成，即彼此影响并彼此加强，使其整体特征日趋明显和成熟。[①]

在考古学研究方面，经过几代考古学家的努力，自20世纪80年代以来，我国考古学的年代谱系，在全国各地就已经基本建立并逐步得到完善和细化。长期以来，人们称黄河为中华民族的母亲河，视黄河流域为中华文明的发祥地，将中原地区作为中华文明的核心。最近20年的一系列考古发现，迅速扩展了人们的视野，面对各地不断涌现的史前时代的城址、祭坛、大墓、大型夯土建筑基址，精美的玉器、陶器和漆器，人们看到了中华远古文化的多源和多彩，看到了中国文明起源过程的新层面，也了解到中华民族大家庭的形成之久远，成分之复杂。“多元一体”是我国文明起源、发展的重要特征，地域之间的差异以及千丝万缕的联系，无疑是认识区域文化的一个重要思路，也是区域文化遗产保护和发展的重要支撑。基于“多元一体”的文明进程，以及与此密切相关的复杂多样的自然地理单元，考古学、历史学、地理学家们对我国丰富多彩的地域文化开展了深入的考察和研究工作。除此宏观的地域文化研究之外，还有不少着眼于具体文化现象的历时性或共时性区域研究成果，为深入了解我国文化遗产的区域特性，以及发展演变的时空背景提供了坚实的学术基础，也成为我国文化景观研究的重要方法。

“20世纪的70至80年代是中国考古学发展走向成熟的转折期，经过60年代的摸索和解悟，终于找到一条中国特色的考古学发展道路，一个带根本性的学科理论，这就是中国考古学文化区系类型学

① 赵荣，李同升：《陕西文化景观研究》，西安，西北大学出版社，1999。

说”[①]。考古学家苏秉琦先生着眼于各地的文化渊源、特征和发展道路，从全国范围将中国史前考古学文化分为6大区系，即以燕山南北长城地带为重点的北方；以山东为中心的东方；以关中（陕西）、晋南、豫西为中心的中原；以环太湖为中心的东南部；以环洞庭湖与四川盆地为中心的西南部；以鄱阳湖—珠江三角洲一线为中轴的南方。在此基础之上，他提出了著名的“考古文化区系类型说”，即“区是块块，系是条条，类型是分支”，既指明了文化的区域差异，也阐述了文化的历史传承。这一学术思想在考古学界产生了重大影响，并带动了国内区域考古学的深入发展。严文明先生曾论及中国史前文化的统一性与多样性，将中国考古学文化划分为中原、甘肃、山东、燕辽、江浙和长江中游6大文化区。张光植先生也曾将龙山时期文化划分为相互关联的山东、良渚、黄河中游、齐家河、清龙泉5个区。郭大顺先生将中国划分为3大文化区，即以彩陶、尖底锅和粟作农业为主要特征的中原文化区，以鼎和稻作农业为主要特征的东南沿海及南方文化区，以筒型陶罐和渔业为主要特征的东北文化区。这些都是基于史前考古学文化特征而进行的区划研究，在某种程度上也反映了文化的区域性。上述考古学文化的划分，本身就说明了中华文化内涵丰富多彩，正如苏秉琦先生言简意赅地概述为“满天星斗”。同时，“匈奴、鲜卑、高句丽、渤海、契丹、女真、粟特、西夏、吐蕃、回鹘、南诏、夜郎等古代民族文化遗存的发现和研究，使多元一体的中华文化和我国多民族统一国家的形成和发展的过程逐渐清晰”[②]。

20世纪80年代以来，环境考古学和景观考古学的发展，也对文化景观遗产的保护产生重要影响。环境考古学，是揭示人类及其

---

① 苏秉琦：《中国文明起源新探》，34页，北京，生活·读书·新知三联书店，1999。
② 王巍：《三十年中国考古学研究硕果累累》，载《光明日报》，2009-02-03（12）。

文化形成的环境和人类与自然界相互影响的考古学分支学科，是环境科学与考古学相结合的产物。环境考古的概念于 20 世纪 30 年代提出，60 年代形成一门学科。环境考古学的研究对象，包括人类形成以来整个第四纪时期同人类有关的环境问题，研究的重点为新石器时代及历史时代初期，人类文化与自然环境间的关系。随着环境考古的发展和技术手段的完善，许多重大考古学课题的解决，都有赖于环境考古学的支持。例如通过遗址生态环境的复原，研究环境与人类起源和演化的关系，确定遗址各文化层的年代，了解古代人类生活的自然环境及其变迁历史，探知古代环境和气候的变化对人类文化的影响。20 世纪 80 年代以来，文化人类学界开始对环境和人的互动关系进行讨论，强调环境是由人来创造的，有意义的，并且是有争议的。在这一背景下，“景观考古”成为考古学界讨论的新概念，并促进了景观考古学的产生。景观考古学不是传统意义上的环境考古学，而是更强调人对周围环境的理解和认识。这里所指的景观不是静态的、被动的自然物体，而是人为的景观。随着人类认识的变化，景观的含义也发生变化。有关专家认为，景观考古学的核心有 3 点：一是利用自然科学的多种技术手段来认真地研究自然环境，但探讨的课题是社会科学的。二是承认人与环境的互动关系是历史随机性的、动态的和不断变化的，这种关系受制于文化观念和过去人类的行为。三是认识到人类环境本身的相当一部分是人类行为动态地与自然互动的结果。

文化景观遗产的探索与国际共识

（2010 年 3 月 30 日）

一、文化景观遗产概念的确立

对文化遗产内涵和价值认识的逐步深化，促使人们从更广阔的视野、更深入的角度去分析和梳理文化遗产之间的内在联系，探索和建立新的文化遗产类型和相应的保护方式、手段、体系，受到关注与保护的文化遗产类型也在不断扩充，例如“历史城镇”、“传统村落”、“运河遗产”和“文化线路”等。这些新型文化遗产的共同特点，都体现出文化与自然两者的密切关联和相互结合，文化遗产开始呈现出多元化的价值，并拥有了更为深刻的含义。1987 年，世界自然保护联盟考察我国申报项目—泰山时，发现泰山不同于一般世界遗产项目的独特价值，即它不仅符合世界自然遗产的标准，也同时符合世界文化遗产的标准，促使了在世界遗产类别中，“世界文化与自然混合遗产”这一新类别被认可。文化景观遗产概念的最终确立也源自于世界文化遗产的保护。1992 年 10 月，世界遗产中心会同国际古迹遗址理事会与世界自然保护联盟，在法国的拉贝第皮埃尔召开关于将“文化景观纳入《世界遗产名录》”专题研讨会。这是文化景观遗产在迈向世界文化遗产的道路上具有重要意义的会议。为了适应文化遗产的整体区域与多样化类型，来自各成员国的专家分别对《操作指南》提出修改意见，讨论了新修订的文化遗产评估标准，并总结出文化景观遗产的定义、分类和提名等方面规定，建议将杰出的文化景观遗产纳入《世界遗产名录》的体系之中。

1992 年 12 月，在美国圣菲召开的第 16 届世界遗产委员会会议上，决定将具有突出的普遍价值的文化景观遗产纳入《世界遗产名录》。至此，在《世界遗产公约》公布 20 年后，世界文化遗产的体系中增加了“文化景观遗产”这一新的类型。文化景观遗产的确立意义重大，使人类和自然相互依存、相互影响的关系在文化遗产中得到具体的体现。其背景是城市化发展进程不断加快，人们生存环境日益遭到破坏，人类需要保存土地利用的历史和遗迹，维持生物的多样性，实现人类与自然和谐健康的发展。根据《世界遗产公约》第一条的内容，世界遗产委员会认为，文化景观遗产代表着“自然与人类联合工程”，具有多种多样的形式，兼具文化遗产与自然遗产保护的要求与特性。长期以来，世界遗产始终在“文化”与“自然”两个支点之间寻求平衡，而文化景观遗产将文化与自然两种因素联系起来，促进了它们之间的平衡与稳定。“文化景观”是指自然与人类创造力的共同结晶，反映区域的独特的文化内涵，特别是出于社会、文化、宗教上的要求，并受环境影响与环境共同构成的独特景观。“文化景观”也是从较大的范围、较充分的规模去发现和认识在某种特定环境中人的创造和生存状态。

二、文化景观遗产保护的探讨

自 1992 年文化景观遗产正式确定为世界文化遗产中的特殊类型以来，人们的认识发生了许多变化，对于人类与自然的关联，被明显重视起来，衡量世界遗产突出的普遍价值的评估标准也经历了多次改变与调整。其中，许多实质性的进展与文化景观遗产类别的纳入，以及对其不断深入的思考直接相关。文化景观遗产的确立使世界遗产更具平衡性和代表性,也使世界遗产所代表的自然与文化、人类与环境、物质与非物质遗产之间的关系更加全面和深刻。在《实施世界遗产公约的操作指南》的附录中，把文化景观分为“由人类有意设计和建筑的景观”、“有机进化的景观”和“关联性文化景观”三种类型。“由人类有意设计和建筑的景观”包括出于美学原因建造的园林和公园景观，它们经常（但并不总是）与宗教或其他纪念性建筑物或建筑群有联系。“有机进化的景观”它产生于最初始的一种社会、经济、行政以及宗教需要，并通过与周围自然环境的相联系或相适应而发展到目前的形式[①]。“关联性文化景观”以其与自然因素、强烈的宗教、艺术或文化相联系为特征，而不是以缺失文化的物证为特征。文化景观遗产作为连接文化与自然的纽带，更加体现出“人类长期的生产、生活与大自然所达成的一种和谐与平衡,与以往的单纯层面的遗产相比,它更强调人与环境共荣共存、可持续发展的理念”。[②]

1993 年 10 月，联合国教科文组织在德国都柏林举行“有关具有突出世界价值的文化景观的专家会议”，提出了“未来行动计划（文化景观）”。该行动计划总结了有关提供“成员国在确认、评价、提名和管理文化景观进入《世界遗产名录》的资格方面的指导”，以及准备“对文化景观进行专题研究”的建议。1994 年，第 18 届

① 有机进化的景观又包括两种次类别。（1）残遗物（或化石）景观，代表一种过去某段时间已经完结的进化过程，不管是突发的或是渐进的。它们之所以具有突出的普遍价值，还在于显著特点依然体现在实物上。（2）持续性景观，它在当今与传统生活方式相联系的社会中，保持一种积极的社会作用，而且其自身演变过程仍在进行之中，同时又展示了历史上其演变发展的物证。

② 刘红婴，王建民：《世界遗产概论》，103-104 页，北京，中国旅游出版社，2003。

世界遗产委员会会议提出建立具有代表性与平衡性《世界遗产名录》的“全球战略”，并认为主题研究可以作为建立具有代表性的《世界遗产名录》的有效方法。人们意识到，欧洲建筑与宏伟、壮观的人造景观等古迹在《世界遗产名录》中占据优势地位，而具有深度、复杂度和与环境建立多样化联系的传统文化却鲜有代表。而这种不平衡性正是由于过去将“文化”与“自然”遗产过于简单地一分为二所造成的,新纳入的文化景观遗产显然可以作为调整失衡的杠杆。同时，《实施世界遗产公约的操作指南》本身也在不断根据《世界遗产公约》的精神和文化遗产保护的实践进行调整和完善，逐步扩充世界遗产的类型及其所代表的普遍价值。1977年至2005年间,《实施世界遗产公约的操作指南》先后修改达17次。在文化遗产的保护要素方面，从重视单一文化要素的保护，向同时重视由文化要素与自然要素相互作用而形成的综合要素保护的方向发展。例如兼具文化和自然复合特征的“文化与自然混合遗产”、由文化要素与自然要素相互作用而形成的“文化景观遗产”，均成为国际社会探讨加大保护力度的对象。

另一方面，这一时期在国际景观生态学会(IALE)与美国地理学家协会(AAG)举办的大型学术活动中，都有景观与文化的专题讨论会。1994年在美国地理学家协会第90届年会上有“文化研究在地理学中的应用：神话、景观、通信”专题报告会；1994年世界自然保护同盟(IUCN)大会提出，要利用景观生态学原理来规划和管理土地资源，促进文化景观持续发展战略的实施；1995年国际景观生态学会大会上对景观类型与人类活动特征、景观建设的量化因子、21世纪的文化景观、持续发展与文化景观等命题都有所涉及。1999年，美国学者霍纳蔡夫斯基（Honachefsky）提出“生态导向”的概念，他认为美国城市的无序蔓延及其对生态环境的破坏等问题的出现，是因为将土地的潜在经济价值置于生态过程之前所致，因此提出“生态优化”的思想。这一思想迅速在全球范围内得到积极响应，并开始从“生态优化”所强调的单纯“保护”，向利用生态来引导区域开发的“生态导向”思想方向发展。在这一思想推动下，美国在区域开发中开始推行“精明增长”计划，提出了控制城市蔓延、保护农地、保护生态与社会人文环境、繁荣经济、提高民众生活水平的精明增长目标。精明增长作为一种旨在平衡发展与保护关系的区域发展模式，同样获得了世界范围内的普遍认可。①

在此期间，一系列相关问题的国际公约和文件相继问世，成为人们步入 21 世纪的共同行动纲领，标志着实现人类与自然和谐发展成为全球共识。例如 1996 年联合国第二次“人类住区”会议，发表了各国政府承诺致力于改善全球特别是不发达国家人居环境的《伊斯坦布尔宣言》；2001 年联合国教科文组织第 31 届会议通过了《世界文化多样性宣言》，这份文件表明国际社会有史以来第一次承认文化多样性是“人类的共同财产”，并就一个在文化表现形式上更丰富多彩的世界，对所有的民族都更为有益达成共识。我国也制订并公布了《中国21世纪议程—中国21世纪人口、环境与发展白皮书》，将可持续发展作为基本国策之一。21 世纪人类进入“生态时代”，生态思想成为人们解决所有与生命现象有关问题的具有普遍意义的指导思想，在这一背景下，强调人类与自然和谐相处的文化价值观和生活方式极为重要。同时，在 21 世纪，国际上已将生物多样性的 3 个层次，即基因、物种和生态系统，拓展为包含“景观”在内的 4

---

① 叶玉瑶，张虹鸥，周春山，等：《“生态导向”的城市空间结构研究综述》，载《城市规划》，2008（5），69 页。

个层次，景观生态学、景观建筑学、景观规划学等学科均引入了“景观的概念”，虽然内涵接近，但又各有不同的角度与外延。到目前为止，文化景观被放在重要位置，并赋予崇高的使命，文化景观既是“生物多样性的最后储藏所”，也是文化遗产保护不可或缺的内容，既是反映过去人类土地利用的历史和遗迹的证据，也应该成为人类土地持续利用的样板，并为人类提供享受美和愉快以及自然与文化多样性的机会。

三、文化景观遗产的保护与管理

随着文化景观遗产进入世界遗产范畴，对其进行有效管理逐渐引起人们的关注。事实上，经过几十年的探索，各国将文化遗存的区域保护与国家和地方的文化和生态建设、社会发展等结合起来，

美国梅萨弗德景观（2004 年 10 月 1 日）

带有预见性地划定相关文化遗产保护区，为城市规划、政府管理、土地利用等密切相关的部门预先提供科学决策的依据，以及新的保护和管理思路，为区域整体协调发展战略提供有力支撑，取得了许多成功的经验。例如在美国，最早通过设立“国家公园”（National Park）制度，坚持文化景观遗产保护的公益性、完整性、科学性，将重要的文化景观遗产地收归国有，完整地保留了大面积的、类型丰富的国家财富；在意大利，一般强调不改变文化遗址现状，尤其重视环境要素的保护，例如在庞贝遗址的保护中得以充分体现；在英国，约克郡曾通过“地下古迹分布图”的编制为保护对策提供了科学的依据，从而免遭大规模城市建设的破坏；在日本，通过国家、地方立法，由中央、地方政府保护实施，使得京都和奈良等地作为历史史迹保护区被整体保护下来；在德国，结合现代航空测量、遥感技术，频繁对国土范围内的文化遗存进行普查。

澳大利亚于1979年制定的《保护具有文化意义地方的宪章》（《巴拉宪章》），是近年来受到较多关注的文化遗产领域专业文件。该宪章以“地方”的概念诠释文化遗产，而不是沿用以往国际文化遗产文件采用的文物、建筑群和遗址等文化遗产概念，这里“地方”的定义是“场所、地区、土地、景观、建筑物（群）或其他作品，同时可能包括构成元素、内容、空间和景致”，并鼓励更广泛的诠释，将具有文化重要性的“地方”均视为文化遗产的组成部分。其中文化重要性，既包括历史、美学和科学价值，也包括社会和精神价值。在《巴拉宪章》中，文化遗产保护的目的在于维持“地方”的文化重要性，并强调维持一种地方感，因为具有文化重要性的“地方”，既是历史记录，也是国家认同和经验的有形表现。上述定义涵盖了各种类型的文化遗产形式，并且将有形和无形的元素涵盖其中。早在20世纪50年代，人文地理学家就开始研究“地方”这一概念。在人文地理学中，将“地方”作为“有意义的区位”，成为一种观察、认识和理解世界的方式。而《巴拉宪章》中的“地方”，用一种更为宽泛的概念来诠释文化遗产，将诸多活态元素纳入其中，有助于通过文化遗产保护来维持或培育地方感，使“地方”更具有文化特色，使当地民众增强自豪感和归属感，并通过文化遗产保护促进不同族群之间的理解和认同。[①]

世纪之交，在奥地利联邦科研艺术部的倡议下，联邦总理府、科研艺术部、农林部和环保部，共同推出了一项有关人类环境和发展问题的“文化景观”研究计划。奥地利联邦总理F.弗拉尼茨基（F.Vranitzky）在该计划的序言中指出，“为了保护我们生存空间的生态功能，为了保障经济框架条件和当地居民的生活质量，必须力求在充分考虑生活空间不同功能、人对空间的不同要求，以及与生态框架条件之间相互关系的情况下，加强利用空间的计划编制。因此文化景观研究的任务是，在可持续利用生态空间的意义上，针对存在的问题，选择奥地利文化景观的发展方向，制订实施相宜战略的基础”。该计划提出了三个纲领性的目标，一是从根本上减少人为物流；二是优化生物多样性与生活质量间的关系；三是在具有活力的景观内促进生存和发展的选择。以上目标从“生物多样性”、与“生活质量”两个对立的核心问题出发，实现多种发展选择的任务，同时要求研究工作要为奥地利未来文化景观的发展提出可操作的基本方针。奥地利政府把文化景观这一概念与可持续发展和地球环境保护科学联系在一起，把人的行为与地球自然的关系用文化景观的概念巧妙地融为一体，并形象地表达出来，把可持续发展和环境保

① 黄明玉：《文化遗产与“地方”》，载《中国文物报》，2009-01-16（8）。

护建设提高到文化的高度来认识，把文化景观的可持续发展研究作为国家研究的重点计划，这些是奥地利跟踪世界潮流的重要措施和对世界文化景观研究的积极贡献。

四、文化景观遗产保护国际共识的形成及相关范例

文化景观遗产保护理论和方法的形成经历了较为复杂的过程，进入 21 世纪后逐渐达成共识。2001 年 2 月，来自南亚、东亚和东南亚的考古、建筑、城市规划及遗产地管理等领域的专家相聚越南会安，参加联合国教科文组织发起的研讨会，探讨建立和颁布最佳保护范例的区域性标准，以确保亚洲遗产地的内在价值得到应有的保护。会议强调了遗产在可持续发展中的重要作用，认为“在亚洲，天然和人造遗产不仅与其自然地理和文化环境有着不解的联系和渊源，同时也是更多非物质性文化传统的表现背景。因此，与会专家尤其强调了自然遗产地、非物质遗产和文化景观的保护规范间的相互关联性”。针对文化景观，会议认为“文化景观是指与历史事件、活动、人物相关或展示出了其他的文化或美学价值的地理区域，包括其中的文化和自然资源以及野生动物或家禽家畜”。与会专家认为“文化景观反映了不同文化的有机哲理和观点，必须得到了解和保护”。同时，“文化景观并非静态。保护文化景观的目的，并不是要保护其现有的状态，而更多的是要以一种负责任的、可持续的方式来识别、了解和管理形成这些文化景观的动态演变过程”。2005 年 12 月，联合国教科文组织在会安通过了《会安草案—亚洲最佳保护范例》。

2003 年 7 月，在巴黎召开的第 27 届世界遗产委员会会议期间，曾就拟在维也纳“中央车站项目”场址建造三栋高层塔楼的问题，

以及就世界各地历史性城市，包括世界遗产城市及其附近，出现的高层建筑这一常见问题展开了辩论。经过辩论，世界遗产委员会要求世界遗产中心就这一问题召开专题会议进行研究。2005 年 5 月，主题为“世界遗产与当代建筑—管理具有历史意义的城市景观”的国际会议在维也纳召开。会议实地考察了维也纳历史城市景观的保护状况。维也纳的历史城市景观以中、低层公寓楼为特点，楼房普遍为 4~6 层，整个城市的屋顶采用 19 世纪古典主义建筑风格，形成协调的城市文化景观。教堂和其他宗教建筑的穹顶和尖顶，从城市的各个角度清晰可见，发挥着地标性建筑的作用。而建造于 20 世纪 50—70 年代的几栋高层办公建筑，由于位于历史中心的边缘地带，当时并没有被视为对城市文化景观的侵扰。2001 年，维也纳历史中心列入《世界遗产名录》，提高了市民对城市文化景观价值的认识，他们对新的高层建筑可能对城市轮廓线和文化景观遗产产生的影响提出质疑，并由此引发了世界遗产委员会的关注。维也纳会议还讨论了有关北京、加德满都、科隆、里加、波茨坦、阿维拉和危地马拉城等世界遗产城市的高层或当代建筑的案例，这些城市一直在不断投资兴建新的基础设施、住房和办公场所，且这种现象会持续下去，并进而对城市文化景观构成长期威胁。

维也纳会议讨论的焦点包括，如何协调历史文化名城或历史地区与现代化建设的关系；如何在满足持久投资需要的同时不破坏城市的历史特点和文化特征；如何确定文化景观可以接受的变化限度；如何建立适用的评估和评价标准等问题。会议形成了《保护具有历史意义的城市景观备忘录》（《维也纳备忘录》），并提交第 29 届世界遗产委员会会议通过。《维也纳备忘录》是一份具有历史意义的文件，它侧重于当代发展对具有文化遗产意义的城市整体景观的影响，其“历史城市景观”的概念超出了以往国际宪章和相关建议中通常使用的“历史中心”、“整体”或“环境”等传统术语的范围，涵盖的区域背景和景观背景更为广泛，综合考虑了当代建筑、城市可持续发展和文化景观完整性之间的关系，被视为提倡采取综合方法维护城市景观的重要声明，并作为《内罗毕建议》的补充性区域级指南。在此基础上，2005 年 10 月，联合国教科文组织第 15 届《世界遗产公约》缔约国大会在巴黎通过了《保护具有历史意义的城市景观宣言》，宣言“强调将当代建筑恰当地融入历史城市景观中的必要性，并强调在计划进行当代干预时开展文化或观赏影响研究的重要性”，宣言要求各缔约国“将《维也纳备忘录》中确定的原则纳入各自的遗产保护政策”①。

2005 年版的《实施世界遗产公约的操作指南》，对一直以来沿用的文化遗产和自然遗产的相关标准进行了合并，规定，“如果遗产符合下列一项或多项标准，世界遗产委员会将会认为该遗产具有突出的普遍价值。①代表人类创造精神的杰作；②体现了在一段时期内或世界某一文化区域内重要的价值观交流，对建筑、技术、古迹艺术、城镇规划或景观设计的发展产生过重大影响；③能为现存的或已消逝的文明或文化传统提供独特的或至少是特殊的见证；④是一种建筑、建筑群、技术整体或景观的杰出范例，展现历史上一个（或几个）重要发展阶段；⑤是传统人类聚居、土地使用或海洋开发的杰出范例，代表一种（或几种）文化或者人类与环境的相互作用，特别是由于不可扭转的变化的影响而脆弱易损；⑥与具有突出的普遍意义的事件、文化传统、观点、信仰、艺术作品或文学作品有直接或实质的联系；⑦绝妙的自然现象或具有罕见自然美的地

① 国家文物局：《国际文化遗产保护文件选编》，332 页，北京：文物出版社，2007。

区；⑧是地球演化史中重要阶段的突出例证，包括生命记载和地貌演变中的地质发展过程或显著的地质或地貌特征；⑨突出代表了陆地、淡水、海岸和海洋生态系统及动植物群落演变、发展的生态和生理过程；⑩是生物多样性原地保护的最重要的自然栖息地，包括从科学或保护角度具有突出的普遍价值的濒危物种栖息地。

五、我国文化景观遗产保护的理论与实践

应中国古迹遗址保护协会的邀请，2005 年 10 月，国际古迹遗址理事会第 15 届大会在我国西安召开，大会期间的“古迹遗址及其周边环境—在不断变化的城镇和自然景观中的文化遗产保护”国际科学研讨会上，各国代表所交流的众多案例和反思，促使大会形成并通过了“保护历史建筑、古遗址和历史地区环境”的《西安宣言》。宣言“强调有必要采取适当措施应对由于生活方式、农业、发展、旅游或大规模天灾人祸所造成的城市、景观和遗产路线急剧或累积的改变，有必要承认、保护和延续遗产建筑物或遗址及其周围环境的有意义的存在，以减少上述进程对文化遗产的真实性、意义、价值、整体性和多样性所构成的威胁”。宣言认为“古建筑、古遗址和历史区域的周边环境指的是紧靠古建筑、古遗址和历史区域的和延伸的、影响其重要性和独特性或是其重要性和独特性组成部分的周围环境”。“除了实体和视角方面的含义之外，周边环境还包括与自然环境之间的相互关系；所有过去和现在的人类社会和精神实践、习俗、传统的认知或活动、创造并形成了周边环境空间中的其他形式的非物质文化遗产，以及当前活跃发展的文化、社会、经济氛围”[①]。

《西安宣言》是具有里程碑意义的国际性文化遗产保护文件，

① 国家文物局等：《国际文化遗产保护文件选编》，375 页，北京，文物出版社，2007。

其重要性在于国际社会第一次在行业共识性文件中提出如下观点，即文化遗产是历史信息的载体，离开了环境，就将成为孤零零的标本。单体的文物固然重要，有着文化生态意义的环境同样重要，整体性的历史环境提供给人的精神记忆更加强烈，因此，“环境”应被认为是体现文化遗产真实性的重要部分。2008 年 6 月，我国第 3 个“文化遗产日”前夕，“世界遗产保护 · 杭州论坛”在西子湖畔召开，来自 15 个国家的 80 多位文化遗产专家和遗产地管理者齐聚一堂，共同探讨文化景观遗产保护所面临的现实挑战和应采取的相关措施。与会专家和代表就文化景观遗产保护与利益相关者、文化景观遗产突出的普遍价值的认定、文化景观遗产的管理和监测、文化景观遗产保护与提高生活品质、文化景观的可持续发展等热点问题，结合各国生动的保护案例展开讨论，并结合本国文化景观遗产保护实践进行交流，共同分享相关研究成果。与会代表一致认为，虽然各国的文化景观遗产各具特色，但是均面临着诸如城市建设的冲击、自然灾害的破坏等类似问题和威胁，保护刻不容缓。因此，应确立正确的文化景观遗产保护理念，科学认定其内涵、准确评估其价值，完善保护的专项法规，制订有效的保护规划，并将保护目标的实现与民众的日常生活改善相结合，实现文化景观遗产的可持续保护。

文化景观遗产的概念兴起虽然已有十多年时间，但是真正引起重视还为时不久。虽然我国列入《世界遗产名录》的总数已达到 38 个，但是文化景观遗产却只有庐山（1996 年）和五台山（2009 年）两项。这一不均衡的现象反映出我国目前对于文化景观遗产的关注和研究明显不足，相关保护理念滞后。事实上，我国拥有辽阔的疆域，文化景观遗产资源类型丰富，无论是众多国家历史文化名城、名镇、名村，还是全国重点文物保护单位、国家重点风景名胜区、国家级自然保护区，许多都是人类与自然共同的杰作，应该同时作为文化景观遗产，开展深入研究，积极予以保护。2006 年 12 月，在中国世界文化遗产专家委员会考察、评估和推荐工作的基础上，国家文物局审议通过了重新设定的《中国世界文化遗产预备名单》。共包括 35 个项目，体现了我国文化遗产的丰富性和多样性，也显示出近年来国际社会对于文化遗产内涵和外延新的认识和拓展。经过分析，其中可以作为文化景观遗产考虑的约占三分之一。由此可见，我国在文化景观遗产申报方面具备较大潜力。其中，嵩山古建筑群、杭州西湖·龙井茶园、元上都遗址、哈尼梯田、丝绸之路中国段、大运河、藏羌碉楼及村寨等，应列入近期申报世界文化遗产计划，这些文化景观遗产的申报成功，必将对国际文化景观遗产保护与研究做出重要贡献。

浙江杭州西湖鸟瞰（2008 年 4 月 9 日）

文化景观遗产的保护与全球战略①

（2012 年 2 月）

迄今为止，国际社会关于文化景观遗产的定义、价值、功能、分类、保护和管理等方面的研究已经颇为丰富，并正在受到越来越多的相关学科的关注。但是，同时不得不承认，文化景观遗产目前还不是一个完全成熟的概念，许多关键性的概念和相关思考仍处于发展与深化的阶段，在文化景观遗产的认定、突出的普遍价值评估，以及保护方法的应用实践等方面，还存在广泛的争议。

自 1992 年世界遗产的体系中增加了文化景观遗产以来，与其相关的讨论和研究一直持续不断，议题不但涉及文化景观遗产的界定方法、分类与价值阐述、全球战略等理论层面的问题，而且涉及文化景观遗产的申报程序、评估标准、保护利用管理等操作层面的问题。1993 年 12 月，第 17 届世界遗产委员会会议正式通过了关于文化景观的行动计划，积极开展对文化景观遗产的主题研究，同时，将新西兰的汤加里罗国家公园列入《世界遗产名录》。汤加里罗山区原来归属新西兰的毛利族部落所有，毛利族原住民视汤加里罗火山为圣地。1887 年 9 月，毛利族原住民为了使这块圣地免于被移民开发，维护原本的神圣面貌，就将半径大约 1．6 公里的绮丽且丰饶的火山区领地献给国家。1894 年新西兰政府将这 3 座火山连同周围

① 此文发表于《北京人文地理·怀柔卷》，北京，中国地图出版社，2012。

地区正式辟为汤加里罗国家公园，面积由原有 2640 公顷，逐渐扩大为 79598 公顷。公园里有活火山、死活山和不同层次的生态系统，涵盖由火山高原中心向四周延伸的山丘与纵谷平原等美丽的风景。1990 年汤加里罗国家公园曾被列入世界自然遗产，随着人们对该处世界遗产认识的深化和对世界遗产类别的完善，经过重新进行评估，重新认识以前被忽略的文化价值，汤加里罗国家公园实现了更加准确的定位，成为《世界遗产名录》中第一处文化景观遗产。

汤加里罗国家公园中心位置的火山山区对毛利族原住民具有文化和宗教意义，象征着毛利人社会与外界环境的精神联系。所以说，该国家公园在自然方面不但拥有特殊的自然景观资源、丰富多样的生态体系，同时也兼具着毛利文化的精神与信仰中心的作用，是原住民的生活领域与精神家园。因此，如果汤加里罗国家公园仅仅作为自然遗产类别加以保护，将削弱对人类与自然之间关系保护的力

波兰华沙历史中心古城广场（2007 年 11 月 3 日）

度，不符合其特点与保护要求。随后，1994 年，澳大利亚的乌卢鲁国家公园；1995 年，菲律宾的科迪勒拉山的水稻梯田和葡萄牙的辛特拉文化风景区也分别被认定为文化景观遗产，列入《世界遗产名录》。此后，关于文化景观遗产的专家会议和专题研讨会先后举行了 20 多场，覆盖了亚太地区、欧洲、非洲、北美洲、南美洲和阿拉伯等地区的众多成员国，研究内容包括文化景观遗产组成、演变、类型、感知、解释、生态、保护和规划等各个方面。例如 1995 年，在菲律宾召开的“亚洲与太平洋地区稻作梯田文化景观”专家会议；1995 年 4 月在澳大利亚召开的“亚太地区‘关联性文化景观’”工作组会议；1996 年 4 月，在维也纳召开的以“欧洲文化景观”为主题的专家会议；1999 年 3 月，在肯尼亚举行的“非洲文化景观”专家会议；以及 1999 年 10 月，在波兰召开的“东欧文化景观”专家会议。

摩洛哥非洲洞（2005 年 1 月 29 日）

《世界遗产公约》的各缔约国在综合应用相关研讨会成果的基础上，指导本国文化景观遗产的提名、申报与研究。通过这些会议及相关文献成果，可以清晰地整理出文化景观遗产理念逐渐成熟的路径。进入21世纪，面对瞬息万变的经济社会发展形势，体验思想文化领域各种思潮的相互激荡，人们不断总结文化遗产保护工作实践的成果,引发文化遗产保护概念的不断扩大,保护理念的不断深化。今天，文化遗产保护已经不再是单纯的物质文化遗产的保护，而是更多地立足于对自然生态环境、历史变迁轨迹、人的内心世界的尊重。社会各界对文化遗产的认知理念日臻成熟，逐渐成为一种充满智慧的理性行为，更加鼓励多样化地理解文化遗产的概念、评价文化遗产的价值、完善文化遗产保护的理念。因此，重新认识人类社会复合系统中的现有资源，不断丰富文化遗产的内涵和外延，是新的时代文化遗产保护的重要任务所在。在这一背景下，人们认识到，保护文化景观遗产有助于保护文化多样性和生物多样性，提高文化遗产和自然遗产的综合价值。文化景观遗产的选择应基于他们自身突出的普遍价值，基于明确划定的地理与文化区域的代表性，以及此类区域所具有的表达文化要素的能力。对于文化景观遗产的保护也超出了人们原有成熟的保护方式和技术手段,成为一项新的挑战。

文化景观研究的丰硕成果，促进了文化景观遗产保护的发展，为文化遗产事业带来新的视野与展望。近10年来，有关文化景观遗产的专家会议和专题研讨会更加频繁地召开，仅2001年，就包括7月在匈牙利的托开举行的“葡萄园文化景观”专题会议；7月在苏里南的帕拉马里博举行的“加勒比地区种植园系统”专家会议，9月在日本的和歌山举行的“亚太地区圣山”专家会议；9月在埃及的哈里杰绿洲举行的“沙漠景观与绿洲系统”专家会议。虽然在文化遗产体系中文化景观遗产类别出现不久，但是已经成为保护领域中的热点。2002 年，在文化景观遗产诞生 10 周年之际，联合国教科文组织世界遗产中心发表了总结性的专题研究成果，回顾了文化景观遗产保护的理念与实践，为世界遗产发展所带来的创新和贡献。鉴于日趋丰富的遗产类型和复杂的构成状况，应运而生的文化景观遗产使人们对世界遗产的认识发生了质的飞跃，其所倡导的价值与理念和世界遗产的评审标准之间形成了良性的互动，相互促进，不断深化，逐步形成具有平衡性和代表性、体现文化与自然多样性的《世界遗产名录》，并为文化景观遗产未来的发展与研究方向提供了有益的思考与见解。

在文化景观遗产是属于“文化遗产类型”，还是属于“文化遗产、自然遗产、文化与自然混合遗产之外的另一种遗产类型”，以及“文化景观遗产”与“文化与自然混合遗产”之间如何界定等基本问题上，始终存在着分歧和争论。笔者认为，文化景观遗产从本质意义上说，属于文化遗产。文化景观遗产与其他类型的文化遗产以及自然遗产相比较，最突出的特点是强调文化与自然的互动关系，人类与环境之间的相互影响，可持续土地利用的特殊方式，以及整体保护的理念。由于文化景观遗产具有文化与自然两方面典型特征，因此，人们在对其进行评估时，往往要求其在文化和自然方面都具有突出的普遍价值，这是认识上的误区。就已经列入《世界遗产名录》的文化景观遗产项目进行分析，就会发现其中大多数项目，如果仅按“自然遗产”的单方面价值标准进行评估，它们往往由于不具备“突出的普遍价值”，并不符合纳入《世界遗产名录》的条件；而已经列入《世界遗产名录》的“文化与自然混合遗产”项目，却无论在文化遗产价值，还是在自然遗产价值的任何方面，都具备“突出的普遍价值”

的评估要求，符合纳入《世界遗产名录》的条件。由此可以看出，“文化景观遗产”与“文化与自然混合遗产”，无论在遗产的内涵方面，还是在评估的标准方面，均具有明显的区别。同时也反映出，文化景观遗产的价值，并不在于其单方面文化或自然价值分别达到世界文化遗产和世界自然遗产的“突出的普遍价值”，人类与自然的相互关系和综合作用才是其价值的核心所在。

目前，《世界遗产名录》中关于文化景观类别的世界遗产现状较为复杂，包括以下几种情况，一是，世界遗产委员会决议中有关于将某处遗产以文化景观类别列入《世界遗产名录》的情况，其中，2006年以来共计新增5项，包括南非希特斯韦特文化与植物景观（2007年），瑞士拉沃葡萄园梯田（2007年），毛里求斯莫纳山丘文化景观（2008年），巴布亚新几内亚库克早期农业遗址（2008年），瓦努阿图罗伊－马塔酋长领地（2008年）等。二是，世界遗产委员会决议中没有前述明确表述，但项目名称中包括文化景观内容的情况，包括日本石见银山遗迹及其文化景观（2007年），阿塞拜疆戈布斯坦岩石艺术文化景观（2007年），加蓬洛佩—奥坎德生态系统和遗物文化景观（2007年）等。三是世界遗产委员会决议中没有前述明确表述，项目名称中也不包括文化景观内容，但世界遗产委员会建议将其作为文化景观加以保护的情况；包括英国康沃尔和西德文矿区景观（2006年），中国开平碉楼和村寨（2007年），克罗地亚史塔瑞格雷德平原（2008年），中国五台山（2009年）等。造成上述情况出现的原因主要有两个方面，首先由于文化景观是新型的文化遗产类别，在其概念内涵、判定标准、自然与文化组成部分的价值关系，以及保护管理方面存在较大争议。其次由于文化景观类世界遗产的保护管理要求非常严格，因此很多国家在申报世界遗产时，将具备文化景观特性或价值的遗产以文化遗产名义申报。

尽管如此，世界各国按照文化景观是“自然与人类联合工程”这一理念，积极认证和推荐各具特色的文化景观，列入《世界遗产名录》的文化景观遗产也逐渐增多，其中包括城市文化景观、乡村文化景观、稻作农业景观、玉米耕作景观、葡萄园景观、风车景观，宗教文化景观、土著人群聚落景观、大型考古遗址景观，以及山脉景观、河谷景观和园艺景观等。总之，随着文化景观遗产保护理论与实践的进步，其保护内涵越来越扩展，保护范围越来越广泛，保护内容越来越丰富，保护行动与经济社会的关联度越来越高。这些文化景观遗产各具特色,个案所展现的景观差异较大,而共性在于“自然与人类联合工程”。截止 2009 年，《世界遗产名录》中的文化景观遗产共有 59 处。仅 2004 年在苏州召开的第 28 届世界遗产委员会会议上，就通过了 12 项文化景观遗产项目。它们列入世界文化遗产的依据，往往在于明确界定的地理文化区域方面的代表性，以及体现这些区域基本的、鲜明的文化要素的能力。2007 年 4 月 18 日“国际古迹遗址日”的主题就是“文化景观与自然纪念物”。文化景观遗产在文化遗产保护领域中所具有的特殊性，日益受到国际社会的重视。由此，人们也可以看到跨越文化和自然界限、物质和非物质界限的广义的文化遗产保护时代已经到来，文化景观遗产保护正在担负起保护和发展人类的生存环境、传承和塑造人类精神家园的重要作用，具有深远的意义。

根据《实施世界遗产公约的操作指南》所述，文化景观遗产是指那些反映了人类创造与自然天成相互结合而形成的文化财富。文化景观遗产的保护与考古遗址、历史建筑等文化遗产类别的保护，既具有共同点，也具有差异性，与自然遗产保护也不甚相同。因此，在进行文化景观遗产的价值研究时，着眼点应落实在人类介入自然环境的性格与特质，其所反映的可持续资源利用的特殊技术，以及人类适应与改造自然环境的实践结果。多年来，虽然人们从地理学、生态学、社会学、历史学等角度对文化景观的概念和内涵进行了大量的研究和探讨，丰富深化了文化景观理论，但是由于人类影响环境方式的多样化，也使对文化景观进行准确定义更加困难。不同的分类原则可以划分出不同的文化景观类型。对于文化景观的分类，曾有部分地理学家提出过复杂的景观分类命名体系，对应于不同的分类等级单元。德国地理学家 S. 帕萨尔格（S.Passarge）在小区域考察和景观学方面做出了贡献，他认为景观类型是相关要素的复合体，系统地提出了全球范围内景观分类、分级的原理和方法，他曾把区域、人、文化和历史看做是解释自然景观变化的四种"空间动力"。1930 年以后，S. 帕萨尔格重点研究文化地理和文化景观，并创立了城市景观概念。

文化景观遗产保护是 20 世纪 90 年代提出的一个新的问题。这一问题的提出反映了人类对文化遗产认识的发展和深化。近年来，文化景观遗产突破了单体层面的文化遗产保护，迈向整体环境保护以及非物质文化遗产保护层面的延续与发展。文化景观遗产保护，经过多年来的思想演变，对其价值的认识逐渐深化，呈现出不断发展趋势，在这一理论研究与实践探索的征途上，人们逐渐达成共识。但是，由于具有不同的研究侧重点和管理着眼点，各国对于文化景观遗产的认识各有不同的表述方式。例如美国国家公园管理署将文化景观遗产定义为一个地理区域联系着一个历史事件、活动、人物或展示其他的文化或美学价值。加拿大国家公园管理署认为一处土著的文化景观遗产，是土著居民同土地长期和复杂的相互作用而体现出价值的地方,它体现了自然与精神环境的一致,体现了地方精神、土地利用和生态学的传统知识。事实上，对于大多数文化景观遗产来说，它们往往既是一个应该整体保护的文化遗产资源，又是一个拥有相当规模的生产生活的社区，有些还是重要的公共休闲娱乐场所。因此，保护文化景观遗产的同时，必须注重保持相关地域的生活氛围和人文环境，应该关注与之相伴的生活群体，考虑他们的生存方式和生活态度，将他们作为文化景观遗产保护的重要因素和积极力量给予整体考虑。

文化景观遗产的形成和变迁受到多种因素的影响，找出并分析这些因素，正确进行分类，有助于对文化景观遗产的深入研究和可持续保护。总体来说，长期以来由于对文化景观内涵的理解不同，对其分类难以达成一致。有的按照自然和农业状况将文化景观分为自然景观、半自然景观、半农业景观和农业景观；有的按照人类居住和建设状况，将文化景观分为乡村景观、城郊景观、城市景观、工业景观和交通景观；有的按照人类活动影响程度，将文化景观分为自然景观、经营景观和人工景观。其间，不同文化景观类型的研究也不断取得进展,例如社会地形景观 (1954)、经济景观 (1954)、神权宗教景观 (1967)、军事景观 (1976) 和经济面景观 (1978) 等。美国国家公园管理署就将文化景观分为四大类：一是历史遗址景观，即一处与某一历史事件、活动或人物有重要关系的景观。二是历史设计的景观，即一处由景观设计师、建筑师或园艺师依据设计原则，有意识设计或规划的景观，或者是由造园师以已被认定的风格建造的景观。三是历史乡土景观，即一处由于人类活动或占有演化而形成的景观。四是人种史景观，即一处景观，包含与人类有关，可以被定义为遗产的自然与文化资源。同时，文化景观是由不同土地单元镶嵌组成，具有明显视觉特征的地理实体，兼具经济、生态和美学价值。

我国的文化景观遗产，经历了几千年连续不断的演进，具有鲜明的历史特征。广袤的领土，又为丰富多彩的文化景观的产生和交流，提供了广阔的空间舞台。文化景观遗产的产生和发展与其所在的自然环境密不可分。我国自古即有“天人合一”的思想，崇尚人类与自然的和谐共处，许多名山大川更是人文胜景荟萃之处，形成了我国文化遗产与自然遗产相互交融的重要特性。由于世界遗产中文化景观遗产类别出现较晚，其判别和划分应遵循的基本原则尚未取得一致意见。但是，事实上一些原有的文化遗产、自然遗产和文化与自然混合遗产也具有文化景观遗产的特征。例如我国的承德避暑山庄及周围寺庙（1994 年）、武当山古建筑群（1994 年）、苏州古典园林（1997 年）、颐和园（1998 年）、青城山和都江堰（2000 年）等处世界文化遗产如果现在予以提名，或者在将来重新归类的话，也可以被纳入文化景观遗产之中。尤其应重新审视文化与自然混合遗产类别中的世界遗产，例如泰山（1987 年）、黄山（1990 年）、峨眉山（1996 年）和武夷山（1999 年）等，均可以视为文化景观遗产。再有一些世界自然遗产，例如九寨沟、三清山等，也可以归为文化景观遗产。2009 年 6 月，在西班牙塞维利亚召开的第 33 届世界遗产委员会会议，审议通过了我国申报的五台山项目，使五台山成为继庐山之后，我国第二个以文化景观遗产名义进入《世界遗产名录》的项目。最初，我国曾将五台山作为文化与自然混合遗产申报世界遗产，但是在世界遗产委员会会议审议过程中，五台山的自然遗产部分被否决，遂将其改作文化景观遗产申报，并获得了成功。

虽然我国长期的统一使文化景观在总体上具有相对一致性。但是另一方面，我国民族众多，地域辽阔，环境复杂，经济生活方式多样，因而在不同地区形成了不同的文化特征，尤其是在不同民族之间，地域差异更为明显。即使在同一民族之间，尤其是在分布极广的汉族地区之间，文化的分异同样显著。今天，文化遗产与当今社会的关联程度更加密切,被视为社会可持续发展的宝贵战略资源，也是保持民族特色，推动中华民族伟大复兴的战略选择。人们认识到，保持文化多样性，保护文化景观遗产的独立性、完整性、连续性，首先是保护我们自己，同时也是对世界文化的贡献。2005 年 12 月《国务院关于加强文化遗产保护的通知》的发布,加快了我国从“文物保护”走向“文化遗产保护”的发展进程，呈现出新的发展趋势。文化遗产事业的内涵逐渐深化，注重其在全球化背景下，保持文化多样性和民族独立性方面的重要作用，注重其世代传承性和公众参与性；文化遗产事业的领域不断扩大，并由此引发了其要素、类型、空间、时间、性质、形态等各方面的深刻变革。在这一新形势下，深刻理解文化景观遗产保护理念，准确把握其发展趋势，通过开展文化遗产资源普查，将更多的文化景观遗产及时纳入保护范畴，是关系到我国文化遗产事业发展全局的重大课题。

“文化”、“景观”与“文化景观”①

（2012年2月）

文化（culture），是由各种元素组成的一个复杂的整体，是人类社会实践过程中所创造的物质财富和精神财富的总和，是一定的历史阶段、一定的地域环境、一定的人类种群的生存状态、生活习惯、思维方式的反映，反过来又深刻地影响着经济的发展规律、社会的

美国旧金山艺术宫（2005年3月19日）

① 此文发表于《北京人文地理·怀柔卷》，北京，中国地图出版社，2012。

道德风范和民众的生活品位。文化不是人类头脑中固有的，是由人类进化过程中衍生出来或创造出来的，并有赖于人类生活和社会活动而存在。文化的创造，是人类最重要的创造。人类没有干预过的自然存在物，不论良莠好坏，都不能称之为文化，只有经过人类有意或无意加工制作出来的内容才是文化。从这个意义上说，地质地貌、自然山水形成的景观，如果纯粹天然造就，虽然人类往往强加于其高低优劣之别，也难以用文化来加以诠释。然而，一种具有自然属性的事物，经过人类的创造性劳动，它的自然属性就与文化属性融为一体。文化是人类全部思想和行为的总记录，也是人类存在的主要价值。人类的活动产生文化，也产生文化区域。文化区域是指具有某种共同文化属性的人群所占据的地区，在经济、政治、社会方面具有独特的统一功能的空间单位。同一个文化区域，即使在自然地理特征方面具有明显的差异，但是，在文化特征方面仍然具有共同的空间属性，具有相似的文化特质和文化共性。

文化的形成是一个长期的过程。任何一种文化的形成和发展都是日积月累、潜移默化的缓慢过程，逐渐形成其“文化积淀”和“文化底蕴”。每一社会都有其相适应的文化，并随着社会物质生产的发展而发展；每一代人都生活在一定的文化环境之中，自然地从上一代人那里继承传统文化；每一代人也都根据自己的经验和需要对传统文化加以改造，在传统文化中注入新的内容。因此，“文化本身是不断形成的，发展的，动态的，永远在延续、创新的过程之中”①。实际上，研究文化就是在研究人的生存状态，研究人的过去和未来。“文化是历史的积淀，它存留于建筑间，融汇在生活里，对城市的营造和市民的行为起着潜移默化的影响，是城市和建筑的灵魂”②。

① 吴良镛：《广义建筑学》，40页，台北，地景企业股份有限公司，1994。
② 吴良镛：《国际建协〈北京宪章〉——建筑学的未来》，179页，北京，清华大学出版社，2002。

文化系统中的各部分在功能上互相依存，在结构上互相联系，共同发挥社会整合和社会导向的功能。“文化关系一个民族的素质，渗透在社会生活的各个方面，它的教育、启迪、审美等功能，更多的是发生在潜移默化之中。文化如水，滋润万物，悄然无声”[①]。人是文化的消费者，更是文化的创造者。不只是精心雕琢的事物才是文化，朴实的生活积累更是文化，“文化”对于当代人来说更多的是一种生活的体现。在人们的日常生活中，从一杯茶、一首歌，到一次聚会、一段旅程，无不渗透着文化的痕迹。

景观（landscape），是指人类和自然与事物之间形成的所有可视现象，是人类所能看到的视觉环境，即在现实生活中不但包含狭义的“景”，还包含人们对景的“观”，以及人们在“景”中实现“观”的体验过程。“景观”一词在古代欧洲最早是指可证明由个人或集团所拥有的一块面积有限的土地。在希伯来文本的《圣经》旧约全书中，它被用来描写梭罗门皇城[②]的瑰丽景色，成为视觉美学意义上的概念，后来受荷兰画家的影响，景观被赋予更现代的含义，称为风景画[③]。但是，在地理学中则被赋予特殊的学术涵义，即指地球表面各种地理现象的自然综合体，即由地貌、大气、水、土壤和生物等要素构成的各种物体和现象，完整而有规律地组合在一起的地表地段。人们对景观的一般理解没有明确的空间界限，主要是一种综合的、直观的视觉感受。但是，随着人们认识的深化，景观的概念也有了新的发展，更加强调景观的文化意义。实际上，景观

① 孙家正：《追求与梦想》，6 页，北京，文化艺术出版社，2007。
② 即耶路撒冷
③ 英文的 landscape 源自德文的 landschaft，而德文又源自荷兰语，其原意是陆地上由一些住房，围绕着住房的一片田地和草场以及作为背景的一片原野森林组成的集合。当人们以审美的眼光欣赏这样的风光和景色时，便出现了对于风景的理解，随之出现了风景画。

是一个内涵丰富的用语，不仅在地理学[①]，而且在建筑学、园林学和城市规划、文化遗产保护，以及日常生活中均得到广泛使用。由于人类利用环境的范围不断扩大，特别是人类按照某种文化标准，主动对地理环境和自然景观施加广泛的影响，致使地理现象被分为两大类，一类是自然地理现象，另一类是人文地理现象，于是景观一般也分成两类，即自然景观和人文景观。

自然景观是指自然界原有的事物，较少受到人类的直接影响或未受人类影响。人文景观则“是指留下了人类文明足迹的地区”，即人类为了满足某种实际需要，利用自然界所能提供的材料，在自然景观的基础上，叠加上人类活动的结果而形成的景观。远古时代，自然景观统治全球，人类很少能改变自然环境。新石器时代后期，农业的发展，使地球上越来越多的区域打上文化的印记，尤其是20世纪以来，人类大大扩充其在地球上的占领，至今除了两极和沙漠、部分高山、热带雨林以外，几乎无不为人文景观所覆盖，而且这种人文景观随着时代的进步与变迁，愈来愈复杂多样。人文景观产生于人与自然环境之间长期持续的相互作用。长期以来，由于人类活动的广泛性，自然景观的人文化程度不断加深，特别是现代社会和经济发展，以前所未有的规模和速度，影响着地理环境和自然景观，致使所有自然和生物现象都或多或少地受到人为作用影响，完全纯粹的自然现象的综合体越来越少。因此，在许多情况下使用“景观”一词，几乎都植根于人文景观概念，即从广义上说，一切景观都与文化有关。从生态角度，到人文角度；从人们感官的直接体验，到

① 在地理学方面景观具有丰富的内涵，即一是指地理学的整体概念，兼容自然与人文景观；二是指一般概念，泛指地表自然景色；三是指特定区域概念，专指自然地理区划中起始的或基本的区域单位，是发生上相对一致和形态结构同一的区域，即自然地理区；四是指类型概念，类型单位的通称，指相互隔离的地段，按其外部的特征的相似性，归为同一类型单位，如荒漠景观、草原景观等。转引自辞海编辑委员会：《辞海》，3777页，上海，上海辞书出版社，1999。

人们理性的认识升华，人文景观具有融合文化与自然价值的双重意义，指引着未来人类与环境关系的发展方向。

文化景观（cultural landscape），是文化在空间上的反映，是一种落实于地球表层的文化地理创造物。“任何一个有特定文化的民族都会通过建造房屋、开辟道路、耕种土地、修筑水利工程、繁衍或限制人口、传播宗教等活动改变其生存空间内的环境。这种人所创造的物质或精神劳动的总和成果，在地球表层的系统形态就被称为‘文化景观’”[①]。文化是催化剂，自然是媒介，文化景观是结果。“文化景观反映了在持续发展的社会、经济、文化力量的影响下，在自然环境形成的制约条件和机会的影响下，人类社会和居住地点经过历史的岁月而获得的价值”。因此，文化景观是人类文化与自然景观相互影响、相互作用的结果，是自然和人文因素的复合体。“文化景观反映了人类和自然环境共同作用所展示出的多样性”[②]。文化景观既包括平面的，也包括立体的；既包括自然的，也包括人为的；既包括静态的，也包括动态的；既包括物质的，也包括非物质的，等等。它们既是历史的产物，又是历史的载体，反映的是政治经济、文化艺术、科学技术、宗教信仰、风俗民情等社会各方面的情况，而它们存在的过程中，又记载了历史发展进化中的各种信息。今天倡导文化景观遗产保护，对于生态的维系、文化的延续、经济的发展、社会的进步，都具有十分重要的意义。

文化景观作为人类文明的产物，经过漫长的发展演变，与周边自然、人文环境之间往往存在着无法割裂的共生关系，所以既重视文化遗产本体的保护，也要重视周边环境的保护；既要营造良好的文化遗产环境氛围，也要考虑到当地居民生产、生活条件的提升。

① 吴必虎，刘筱娟：《中国景观史》，3页，上海，上海人民出版社，2004。
② 吕舟：《第六批国保单位公布后的思考》，载《中国文物报》，2006-08-18（5）。

文化景观遗产“兼具人类文化与自然环境各自不同的特征与要素，但同时却又不以这两者的单体方面的价值为本质与核心”。同时，文化景观概念的确立，扩展了人们关于生物多样性与文化多样性相互交叉关系的思考。文化景观遗产作为文化与自然创造力的共同结晶，跳出了一个或一组人工创造物的独特价值，而从较大的范围、较充分的规模去发现和认识大自然的造化，以及在某种特定自然环境中人类生存状态和文化创造，从而记录和保留下人类进步历程中具有不同特色的片断。因此，只有把文化景观遗产放在历史时空的宏阔背景之下和文化演进的跌宕起伏之中，才能生动地还原文化景观遗产的本质要素；才能正确地认识文化景观遗产的系统内容；才能充分地反映每一处文化景观遗产的个性特征；才能科学地表述文化景观遗产的整体价值；也才能体现出其他文化遗产类别难以比拟的独特魅力。事实证明，只有实现区域生态环境和社会文化环境的协调发展，才能实现文化景观遗产保护的可持续发展。

文化与景观的关系是相互的。人类文化发展历尽沧桑，不断地作用于环境，而景观正是这种作用的产物，是人类在大地上的记忆。文化通过景观来反映，而又改变着景观。人对景观的任何改造，都会将自身的文化渗透到景观当中，于是景观便贮存和散发着这种文化，这种文化的渗透又必然会影响或改变原来的景观。在文化景观的研究中，“文化被看成是生存于地球表层的人类，在特定的地理环境和历史时期内，所进行的一切能对地球表层中的自然环境和社会环境，产生改变或影响的物质活动和精神活动的过程及其结果的积累”[①]。对千姿百态的文化景观进行分类，目的在于探索它们形成发展规律的共同性和差异性，不同类别的文化景观，往往既有相似的发展，又有极其不同的演化历程，因而对它们进行分析和预测，

① 吴必虎，刘筱娟：《中国景观史》，3页，上海，上海人民出版社，2004。

可以对文化景观遗产的保护提供依据。对文化景观进行分类，存在着多种方法，既可以按照文化景观的形态来划分，也可以按照文化景观的功能来划分。形态相近的文化景观，尽管职能各不相同，但是在发展演变规律、与周围环境关系、当前存在问题、保护应对措施等方面，往往具有共同之处；功能相近的文化景观，尽管规模有大小、形态有差异，但其起源、特点、内部功能结构、今后发展方向等方面，往往具有类似特点。

由于“文化”一词概念的广博和界定差异，有关文化景观遗产的判识和研究就必然见仁见智。关于文化景观要素，《中国大百科全书·地理卷》指出，它是“自然风光、田野、建筑、村落、厂矿、城市、交通工具和道路以及人物和服饰等所构成的文化现象的复合体。”诸如地块的形态、建筑的风格、色彩的缤纷，以及服装的式样、食物的风味等，以及社会关系、意识形态、思想状况等，都可以是文化景观遗产的重要特征。由于文化景观形象地反映了人类衣、食、住、行、娱乐等最基本的经济、文化生活状况，对某一地区的文化景观进行观察和研究，对于全面系统地研究区域文化历史发展规律、正确认识区域文化资源、合理调整行政区划、科学制定区域发展规划等，都具有重要的科学意义和实践价值。同时，我国是由 56 个民族组成的统一的多民族国家，各少数民族分布地域广泛，约占国土面积的 50%~60%，大多数少数民族集中分布在西南、西北、华北和东北的边疆地区，在空间分布上具有相对分散和相互交错的特点，众多城市与乡村聚落具有鲜明的民族特征，所拥有的文化景观博大精深，“成为汇聚到中华文化巨川中的涓涓溪流”。因此，我国的文化景观遗产保护，相对于其他传统类型的文化遗产而言，更具综合性。同时，文化景观反映一定地域的生活方式，聚焦当地民众的文化信仰，所以文化景观遗产保护，不仅应体现历史的真实性、风貌的完整性，还应体现生活的连续性。

文化景观体现文化与自然的共同创造。文化景观与自然景观是相互对应的概念。自然景观又称原始景观，是自然环境原来的地理事物，是一种自然综合体，例如高山、河流、彩云、瀑布、沼泽、草原、沙漠等。文化景观是指人们利用自然物质加以创造，并附加在自然景观上的各种人类活动形态，而使自然面貌发生明显变化的景观，也称为人文景观，例如城市、村庄、园林、寺庙、农田、工厂、道路等。长期以来，文化遗产与自然遗产的概念相对独立，自然遗产强调人为干预越少越好，文化遗产的重点在于人类的文化创造，内容包括文物、建筑群和遗址等孤立的保护对象，较少考虑整体结构与景观本身。实际上，文化与自然密不可分，在经济、社会等因素的驱动下，产生持续相互交替影响，创造出两者延续性的关联状态，文化景观即是这一状态的外在表征与载体。自然因素为文化景观的建立和发展提供了各种条件，自然环境往往具有地域特点，使文化景观的许多人文因素形成明显的地域特色。构成文化景观基底的自然因素包括地貌、动植物、水文、气候和土壤等，各种因素在文化景观中的作用各不相同，其中地貌因素常常对文化景观的宏观特征产生巨大作用，影响景观的人文化程度。同样，即使在森林景观、草原景观、沙漠景观、江河景观、海洋景观中，生物因素仍然是文化景观中的鲜明要素。

文化景观体现时间与空间的相互作用。文化景观的发生、发展，既离不开时间，也离不开空间。在时间方面，同一地区的“人群共同体”，因生活环境的变化和文化自身运动规律的不同，在不同的历史阶段形成了不同形态的文化景观；在空间方面，不同地区的“人群共同体”，在不同的生存环境中，逐渐形成各具风格的生产方式和生活方式，培育了各种类型的文化景观。文化景观的这种特性可以明显反映于区域特征。文化景观的分布特征，就是在历史发展过程中，在时间上不断出现、演化、替换、消长，在空间上不断产生、交流、扩散、整合的结果。因此，必须回溯漫长的历史，探究不同历史时期中人们在某一地区的文化贡献，以明确该地区文化景观的发展过程；也必须放眼广阔的地域，探究不同地理环境中人们在某一时代的文化贡献，以明确该时代文化景观的历史创造。上述时间过程和空间过程相互作用的结果，使文化景观在一定区域范围内，产生具有不同功能的文化景观类型，这些不同类型的文化景观又相互联系，构成总的文化景观体系。文化景观充分体现出在一定时期里，在物质条件限制和自然环境提供的机会的影响下，在内部和外部连续的社会、经济和文化力量的作用下，人类社会及住区的演变过程，以及各种文化现象与文化成就。

文化景观体现物质与非物质的联合互动。文化景观的构成元素复杂，不仅包括形象生动的物质实体，还往往包含着文化的起源、扩散和发展等方面的非物质的文明成就。因此，构成文化景观的人文因素可以分成两类，即物质因素和非物质因素。物质因素主要包括聚落、街道、房屋、人物、服饰，以及交通工具、栽培植物、驯化动物等有形的人文因素。非物质因素主要包括思想意识、生活方式、风俗习惯、宗教信仰、审美观念、道德标准、生产关系等无形的人文因素。“文化景观也可分为技术体系的景观和价值体系的景观两大组成部分。技术体系的景观（具象景观）是指人类加工自然而产生的技术的、器物的、非人格的、客观的东西在地球表层形成的地理实体，如聚落、农业、工业、公共事业等；而价值体系的景观（非具象景观）则是指人类在加工自然、塑造自我的过程中形成的规范的、精神的、人格的、主观的东西在地表构成的具有地域分异的意象事物，如民俗、语言、宗教等。但二者并没有绝对的界限”[①]。文化景观

① 吴必虎，刘筱娟：《中国景观史》，3页，上海，上海人民出版社，2004。

通常具有一定的空间性、时代性和功能性，传统、艺术、宗教的积淀，赋予了文化景观丰富的文化内涵。因此，文化景观不但是人类物质创造，经过时间和空间的积淀而形成的一种文化成果，也是能够集中反映民族特色、信仰传承、文化融合等非物质现象的物质载体。

文化景观体现系统与整体的综合价值。文化景观反映不同区域独特的文化内涵，往往出于社会、文化、宗教上的要求，并受环境影响，与环境共同形成独特的系统，特别是与文化多样性相联系，越来越显现出丰富多彩的内涵和博大精深的底蕴。文化景观区别于其他文化遗产类别之处，在于其能够充分代表和反映其所体现的文化区域所特有的文化要素的整体。文化景观作为一个完整的系统，体现一种整体性，它超越于“各组成部分之和”，这就意味着文化景观中的每一要素，由于它的场所位置，以及与其他要素的相互关系，而被整体有意义地接受。即使其中每一处景观要素并不出众，但是加以系统性、整体性创造，就是一处无与伦比的文化景观。因此，对于文化景观的考察和评价，不能就某一地点论某一地点，就具体景观论具体景观，只有从系统的、整体的角度来看待和认识文化景观，才能使其经典的地位和突出的价值彰显出来。同样，文化景观中的某一地点或具体景观，一旦脱离了系统和整体，也就会大大降低其价值。系统性与整体性也并不意味着完全相同或雷同，文化景观系统的复杂构成必然表现出局部微观的多样性，系统性与整体性应该和多样性与协调性相统一，共同展示出文化景观特征的主旋律。

文化景观体现连续与互动的长期结合。由于不同人群具有不同文化背景和社会需求，因此，所创造的文化景观也各有明显的特征。纵观每一部文化景观的历史，都是一部和人类活动相伴相生的漫长历史。文化景观的概念将过去、现在及可以预见的未来联系在一起。文化景观的价值也是在人类与自然的不断协调、呼应和互动中得到体现，成为不断变化的、始终鲜活的文化形态。文化景观虽在一定状态下保持一定的平衡和稳定状态，但是由于所研究的局部区域以及具体事物大都属于开放性系统，在这样的系统中，物质和能量能进能出，在不断地发生变化，随着旧的平衡被打破，又出现新的平衡，即处于动态平衡之中，因此，不能把文化景观看做是静止的，固定的，它们有着自己的形成发展过程，受到种种外界力量的干扰。文化景观所赖以维系的这种互动的关系，不仅在过去发挥重大作用，而且现在和未来仍应发挥重大作用。文化景观不仅是在一定的文化理念指导下，在自然环境中，发现、提炼、创造而成，反映出文化的进程和人类对自然的态度，是文化的起源、传播和发展以及存在价值的证据，同时它也是一面镜子，折射出一个国家、地区和民族的发展历程和文明水平。文化景观随着历史演进，体现出不同的时代特征，对于前人文化创造的业绩和所作出的贡献，后人应怀有感恩之心与敬畏之情，悉心加以保护，使历史与现代之间具有世代传承性。

河北避暑山庄与外八庙（2009 年 6 月 3 日）